PETIT MANUEL DE MESURE ET D'INTONATION

À L'USAGE DES JEUNES ENFANTS.

60 TABLEAUX-CALQUES DE MME LEBOUC-NOURRIT

Ces *tableaux-calques*, divisés en cinq cahiers, ont pour but spécial de rompre de bonne heure les enfants à l'exercice si nécessaire de la mesure en les appliquant à la décomposer et à la recomposer eux-mêmes par l'écriture, en même temps qu'ils s'initient aux intonations et aux premiers principes de la musique. L'essai que nous avons fait de ce système a tellement justifié nos espérances que nous publions ce travail avec la confiance qu'il sera goûté par les professeurs et par les mères de famille qui désirent commencer elles-mêmes l'éducation musicale de leurs enfants.

Les élèves devront tracer au crayon sur papier transparent ces *tableaux-calques* qui leur serviront à la fois d'exercices de mesure, de principes et d'écriture musicale et les prépareront ainsi à la dictée musicale ; ils devront en même temps mettre les barres de mesures et les valeurs avec le chiffre de chaque temps, ainsi qu'il est indiqué en tête de chaque tableau ; puis, ils chanteront ces leçons, qui sont combinées pour les plus jeunes voix, dans l'intervalle d'une octave et par degrés conjoints d'abord ; les jeunes élèves qui ne pourraient pas monter au-dessus du *sol*, s'exerceront aux premières leçons en passant de la lettre *a* à la lettre *b*. Il sera toujours bon, après le calque de mesure achevé et corrigé, de faire lire les leçons à l'élève qui nommera les notes en battant la mesure avant de les chanter. Ces cinq cahiers de *tableaux-calques* forment, avec l'explication théorique qui les précède, un petit Cours abrégé, mais suffisant pour remplir une année et préparer à l'étude du piano ou d'un autre instrument, ainsi qu'à celle du solfége (1). Les enfants peuvent être mis à ce travail, qui les amuse, dès l'âge de 5 à 6 ans.

PRINCIPES ÉLÉMENTAIRES

LEÇON I

Il y a sept noms pour distinguer les sons en musique ; ce sont : *Ut* ou *do*, *ré*, *mi*, *fa*, *sol*, *la*, *si*. Chaque son désigné par un de ces noms s'appelle *note*.

Lorsque l'on nomme ces sept notes dans l'ordre régulier ci-dessus, en répétant la première note après la septième, on fait une *gamme* ; la *gamme* est donc la succession, dans l'ordre régulier, des sept notes, auxquelles on ajoute la répétition de la première, ce qui fait en tout huit notes.

On peut nommer aussi ces huit notes dans l'ordre inverse, en commençant par la fin, soit : *Ut* ou *do*, *si*, *la*, *sol*, *fa*, *mi*, *ré*, *do*, et l'on obtient ainsi également une gamme ; dans la première gamme, les sons s'élèvent successivement, tandis que dans la seconde ils s'abaissent ; c'est pourquoi l'on appelle la première, gamme *ascendante*, et la seconde : *descendante*.

On donne encore à la gamme le nom d'échelle musicale, et chacune des notes qui la forme s'appelle un degré ; dans la gamme qui commence par *ut* ou *do*, le premier degré est donc *do* ; le deuxième, *ré* ; le troisième, *mi* ; le quatrième, *fa* ; le cinquième, *sol* ; le sixième, *la* ; le septième, *si* ; et le huitième, *do*.

On peut former une gamme en commençant par chacune des sept notes, et alors on nomme en finissant les notes qu'on a laissées en commençant. Ex. :

Do, ré, mi, fa, sol, la, si, do ; do, si, la, sol, fa, mi, ré, do.
Ré, mi, fa, sol, la, si, do, ré ; ré, do, si, la, sol, fa, mi, ré.
Mi, fa, sol, la, si, do, ré, mi ; mi, ré, do, si, la, sol, fa, mi.
Fa, sol, la, si, do, ré, mi, fa ; fa, mi, ré, do, si, la, sol, fa.
Sol, la, si, do, ré, mi, fa, sol ; sol, fa, mi, ré, do, si, la, sol.
La, si, do, ré, mi, fa, sol, la ; la, sol, fa, mi, ré, do, si, la.
Si, do, ré, mi, fa, sol, la, si ; si, la, sol, fa, mi, ré, do, si.

LEÇON II (Tableaux 1, 2, 3, 4)

Pour écrire les notes, on se sert de cinq lignes, dont la réunion se nomme *portée*. La *portée* est la réunion des cinq lignes qui servent à écrire la musique. On compte ces lignes en commençant par le bas, la première ligne est donc la plus basse et la cinquième la plus haute.

L'espace compris entre les lignes se nomme *interligne* ; on écrit les notes sur les lignes et sur les interlignes.

Ces cinq lignes ne suffisent pas pour écrire toutes les notes, et lorsqu'on a besoin d'écrire des notes au-dessus ou au-dessous de la portée, on se sert de petites lignes qu'on appelle *lignes supplémentaires*.

Pour désigner la place de chaque note dans la portée, on a imaginé un signe qu'on appelle *clé* et qui se place au commencement de la portée, sur une des lignes ; cette clé porte le nom d'une note et donne son nom à toutes les notes qui sont sur la même ligne qu'elle.

Il y a trois différentes clés en musique : la clé de *sol*, la clé de *fa* et la clé de *do* ou *ut*. La clé de *sol* (qui a la forme indiquée au tableau 1) se place sur la deuxième ligne, c'est-à-dire que la deuxième ligne doit traverser la partie la plus large de cette clé.

Cette clé de *sol* donnant son nom aux notes qui sont sur la même ligne qu'elle, toutes les notes qui seront sur la deuxième ligne seront des *sol* ; quand on voudra écrire les notes inférieures au *sol*, c'est-à-dire : *fa*, *mi*, *ré*, *do*, on les placera au-dessous de la deuxième ligne, en descendant graduellement par ligne et par interligne.

Lorsque, au contraire, on voudra écrire les notes supérieures au *sol*, c'est-à-dire : *la*, *si*, *do*, on les placera au-dessus de la deuxième ligne, en montant graduellement par interligne et par ligne.

Nota. — Apprendre ces principes, calquer les tableaux 1, 2, 3, 4 en apprenant bien le nom et la place des notes ; s'exercer à écrire ces notes sous la dictée.

(1) Ces *tableaux-calques* sont une excellente préparation à l'étude des *tableaux de lecture musicale* d'Edouard Batiste, applicables à toutes les méthodes d'enseignement.

1878

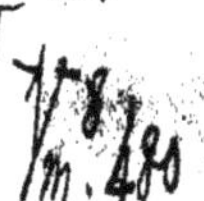

LEÇON III (Tableaux 5, 6, 7, 8)

Les sons peuvent durer plus ou moins longtemps, et, pour indiquer ces différentes durées, on donne aux notes des formes différentes qu'on appelle *valeurs*, parce qu'elles indiquent le temps que vaut chaque note.

Il y a sept valeurs différentes :

1° La ronde qui est la plus longue ;

2° La blanche, qui vaut la moitié de la ronde ;

3° La noire, qui vaut la moitié de la blanche ;

4° La croche, qui vaut la moitié de la noire ;

5° La double croche, qui vaut la moitié de la croche ;

6° La triple croche, qui vaut la moitié de la double croche ;

7° La quadruple croche, qui vaut la moitié de la triple croche.

Calquer les tableaux 5, 6, 7, 8. *(Voir la comparaison des valeurs au tableau 5)*

LEÇON IV (Tableaux 9, 10, 11, 12)

Pour donner plus de régularité à la durée relative des sons, on partage le temps que dure une phrase musicale en parties égales qu'on appelle *mesures* et qui sont elles-mêmes divisées en parties égales qu'on appelle *temps*; c'est ainsi qu'on a la mesure à deux temps, c'est-à-dire partagée en deux; la mesure à trois temps, c'est-à-dire partagée en trois, et la mesure à quatre temps, c'est-à-dire partagée en quatre. Chaque mesure s'indique sur la portée par une petite barre transversale qui la sépare de la mesure suivante et qu'on appelle *barre de séparation* ou *barre de mesure* ; dans la musique écrite, la *mesure* est donc l'espace compris entre deux barres de mesure. Lorsqu'on lit ou chante la musique, on marque les temps de la mesure par des mouvements réguliers de la main; c'est ce qu'on appelle *battre la mesure.*

Il y a trois différentes mesures, ainsi que nous l'avons dit plus haut : à deux temps, à trois temps, et à quatre temps.

Dans la mesure à deux temps, le premier temps se frappe en bas et le deuxième temps est levé ; on désigne cette mesure en écrivant après la clé un 2 ou un C barré, comme au tableau 9.

La ronde, étant la plus longue des valeurs, est celle qui représente une mesure entière, et l'on bat les deux temps de chaque mesure pendant qu'on lit ou qu'on chante une seule ronde.

Si la ronde dure toute la mesure, c'est-à-dire deux temps, lorsqu'on voudra faire une note qui ne dure qu'un seul temps, on devra employer la blanche, qui vaut la moitié de la ronde.

Enfin, lorsqu'on voudra faire entendre deux notes de même valeur sur chaque temps, il faudra employer la valeur qui est la moitié de la blanche, c'est-à-dire la noire. (Calquer les tableaux 9, 10, 11, 12.)

LEÇON V (Tableaux 13, 14, 15, 16)

Dans une phrase musicale, les sons ne se succèdent pas toujours sans interruption, il peut se trouver des moments où le son est interrompu plus ou moins longtemps, et ces temps d'arrêt sont représentés par des signes appelés *silences* ; les silences, indiquant des repos plus ou moins longs, ont, comme la valeur des notes, des figures différentes qui en indiquent la durée.

Il y a sept silences correspondant à chaque valeur de notes :

1° La pause, qui équivaut à la ronde ;

2° La demi-pause, qui équivaut à la blanche ;

3° Le soupir, qui équivaut à la noire ;

4° Le demi-soupir, qui équivaut à la croche ;

5° Le quart de soupir, qui équivaut à la double croche ;

6° Le huitième de soupir, qui équivaut à la triple croche ;

7° Le seizième de soupir, qui équivaut à la quadruple croche.

Comme pour les valeurs de notes, chaque silence se subdivise en deux silences de moitié moins de valeur. (Calquer les tableaux 13, 14, 15, 16.) *(Voir le tableau 13)*

LEÇON VI (Tableaux 17, 18, 19, 20)

Quand les notes sont employées dans un ordre différent de celui de la gamme, ce qui arrive le plus souvent, il se trouve entre elles des distances plus ou moins grandes; par exemple, si l'on écrit *do, sol*, il y a entre ces deux notes la place du *ré*, du *mi*, du *fa*; tandis que si l'on écrit *do, mi*, il n'y a que la place du *ré* entre ces deux notes; cette distance qui sépare deux notes s'appelle *intervalle;* les intervalles ont des noms différents qui leur sont donnés d'après le nombre de degrés qu'ils renferment. L'intervalle qui ne renferme que deux degrés s'appelle *seconde;* celui qui renferme trois degrés, *tierce* ; quatre degrés, *quarte;* cinq degrés, *quinte;* six degrés, *sixte;* sept degrés, *septième* et huit degrés, *octave.*

Il faut remarquer que la distance qui sépare deux degrés voisins n'est pas toujours la même; ainsi, en examinant sur le piano les degrés de la gamme de *do*, on s'aperçoit qu'ils ne sont pas tous à égale distance les uns des autres, c'est-à-dire que cinq de ces degrés sont séparés du degré suivant par une touche noire qui représente un son intermédiaire, tandis que deux autres degrés joignent immédiatement le degré suivant sans qu'il existe entre eux aucun son ou touche intermédiaire; par suite, on appelle *ton* l'intervalle compris entre deux notes qui sont séparées par une touche ou un son intermédiaire, et *demi-ton* l'intervalle plus petit compris entre deux notes se joignant immédiatement sans touche ou son intermédiaire. Dans la gamme de *do*, les deux demi-tons sont placés de *mi* à *fa* et de *si* à *do*, c'est-à-dire du troisième au quatrième degré et du septième au huitième degré.

Calquer les tableaux 17, 18, 19, 20.

LEÇON VII (Tableaux 21, 22, 23, 24)

Lorsqu'on fait entendre en même temps certains intervalles au-dessus de la même note basse, on forme des *accords*; un *accord* est donc la réunion de certains intervalles ayant la même note pour basse.

Nous ne nous occuperons ici que d'un seul accord qui s'appelle *accord parfait.*

L'*accord parfait* est formé par la *réunion* d'une *tierce* qu'on appelle *majeure* (composée de deux tons), et d'une *quinte* qu'on appelle *juste* (composée de trois tons et d'un demi-ton), ayant toutes deux pour note inférieure, ou *basse*, la même note ; on y ajoute souvent l'octave supérieure : *Do, mi, sol, do.* On peut former un accord parfait sur tous les degrés de la gamme. (Calquer les tableaux 21, 22, 23, 24.)

Faire nommer et chanter les notes des accords parfaits sur tous les degrés.

LEÇON VIII (Tableaux 25, 26, 27, 28)

Nous avons dit qu'il y a trois clés pour écrire la musique; celle qui est la plus usitée après la clé de *sol* est la clé de *fa*, sur la quatrième ligne, qui sert pour la main gauche du piano; on l'écrit comme au tableau 25, et on la place sur la quatrième ligne, c'est-à-dire que la quatrième ligne doit traverser la boucle et les deux points; toutes les notes écrites sur la quatrième ligne sont donc des *fa*, et l'on écrit la gamme comme au tableau 25, on plaçant graduellement les notes au-dessus et au-dessous du *fa* dans leur ordre naturel.

Nous allons étudier une mesure qui se bat aussi à deux temps, mais qui est formée de valeurs moitié plus petites que la mesure qu'on appelle *grande mesure* à deux temps, pour indiquer qu'elle est formée de valeurs plus longues que celle dont nous nous occupons aujourd'hui. Celle-ci n'a sur chaque temps qu'une noire ou deux croches, et la mesure entière ne renferme donc que deux noires ou une blanche. On indique cette mesure par le chiffre 2 posé au-dessus du chiffre 4, ce qui se lit *deux-quatre*, et veut dire deux quarts de ronde; en effet, chaque temps de cette mesure étant formé d'une noire qui est un quart de ronde, la mesure entière renferme bien deux noires ou deux quarts de ronde. (Calquer les tableaux 25, 26, 27, 28.)

LEÇON IX (Tableaux 29, 30, 31, 32)

Le *dièse* est un signe qui hausse d'un demi-ton la note devant laquelle il est placé, et qui s'écrit ainsi : ♯

Nous avons déjà parlé de la mesure à quatre temps; nous allons étudier sa composition. Elle est représentée par une ronde et chacun des quatre temps vaut le quart de la ronde, c'est-à-dire une noire ou deux croches.

Elle se bat par quatre mouvements de la main : le premier en bas, le deuxième à gauche, le troisième à droite et le quatrième en haut. (Calquer les tableaux 29, 30, 31, 32.)

LEÇON X (Tableaux 33, 34, 35, 36)

Le *bémol* est un signe qui sert à baisser d'un demi-ton la note devant laquelle il est placé, et qui s'écrit ainsi : ♭

Le dièse placé devant une note produit son effet sur toutes les notes semblables placées dans la même mesure, sans qu'il soit nécessaire de l'écrire de nouveau; lorsqu'on veut détruire l'effet du dièse et replacer dans son intonation naturelle la note diésée, on emploie un signe qu'on appelle *bécarre* et qui se place devant la note qu'on veut remettre dans son intonation naturelle.

Ainsi que le dièse, le bémol produit son effet pendant toute la durée de la mesure dans laquelle il est placé; pour le détruire on emploie aussi le bécarre.

Calquer les tableaux 33, 34, 35, 36

LEÇON XI (Tableaux 37, 38, 39, 40)

On donne le nom de *gamme diatonique* à la gamme qui procède par tons et demi-tons, comme la gamme de *do*, et l'on appelle *gamme chromatique* celle qui ne procède que par demi-tons et qu'on forme en faisant entendre tous les demi-tons qui séparent les tons de la gamme diatonique. Ex :

Do, do ♯, ré, ré ♯, mi, fa, fa ♯, sol, sol ♯, la, la ♯, si, do, et en descendant : *do, si, si ♭ la, la ♭, sol, sol ♭, fa, mi, mi ♭, ré, ré ♭, do.*

On appelle également *demi-ton diatonique* celui dont les deux notes portent un nom différent et qui est celui qui se trouve dans la gamme diatonique; tandis que l'on appelle *demi-ton chromatique* celui dont les deux notes portent le même nom et qui ne se trouve que dans la *gamme chromatique*. (Calquer les tableaux 37, 38, 39, 40)

LEÇON XII (Tableaux 41 à 48)

La mesure qui se bat à trois temps, et dont chaque temps est représenté par une noire, se compose de trois noires et s'écrit par le chiffre 3 placé sur un 4, ce qui se lit *trois-quatre* et veut dire que cette mesure est composée de trois quarts de ronde; si l'on veut n'employer qu'une seule note pour représenter la mesure entière, on trouve que la blanche est trop petite, puisqu'elle ne vaut que deux noires, et que la ronde est trop grande puisqu'elle vaut quatre noires. On met alors un point après la blanche; ce point sert à augmenter de moitié la valeur de la note après laquelle il est placé; la blanche valant deux noires, le point l'augmente de la moitié, c'est-à-dire d'une noire, et une blanche pointée vaut ainsi trois noires.

Le point augmente de même de moitié toutes les valeurs et l'on trouve ainsi que la ronde pointée vaut trois blanches, la blanche pointée vaut trois noires, etc.

La mesure à trois temps se bat par trois mouvements de la main : le premier en bas, le deuxième à droite et le troisième en haut. (Calquer les tableaux 41 à 48.)

LEÇONS XIII et XIV (Tableaux 49 à 60)

Une autre mesure à trois temps, assez usitée, est celle dont chaque temps est représenté par une simple croche. On désigne cette mesure par les chiffres 3/8 parce qu'elle se compose de trois huitièmes de ronde. La mesure entière en est représentée par une noire pointée valant trois croches. (Calquer les tableaux 49 et 50).

Les mesures à 2, 3 et 4 temps, précédemment étudiées, ont sur chaque temps une valeur simple : blanche, noire ou croche, se décomposant en 2 valeurs plus petites; c'est pourquoi on les appelle mesures *simples* ou à *temps binaires*; par opposition, on donne le nom de mesures *composées* ou à *temps ternaires*, à celles qui ont sur chaque temps une valeur pointée, se décomposant en 3 valeurs plus petites. Les mesures simples sont donc celles dont chaque temps est représenté par une valeur simple, tandis que les mesures composées sont celles dont chaque temps est représenté par une valeur pointée.

On forme les mesures composées d'après les mesures simples en ajoutant un point à la valeur qui représente chaque temps; ainsi, en ajoutant un point à chacune des noires de la mesure à 2/4, on a 2 noires pointées, ou 2 fois 3 croches, c'est-à-dire 6 croches qui forment la mesure à 6/8, ainsi nommée parce qu'elle renferme 6 huitièmes de ronde.

La mesure à 6/8 est donc une mesure composée à 2 temps, dérivant de la mesure à 2/4.

De la même manière se forment la mesure composée à 3 temps qu'on appelle 9/8 et la mesure composée à 4 temps, qu'on appelle 12/8.

On désigne les mesures composées, comme les mesures simples, par 2 chiffres superposés dont le supérieur indique le nombre de notes renfermées dans chaque mesure et l'inférieur, la valeur de ces notes par rapport à la ronde.

Dans les mesures simples le chiffre supérieur est toujours 2, 3 ou 4, tandis que dans les mesures composées c'est un de ces 3 nombres multiplié par 3, c'est-à-dire 6, 9 ou 12. (Calquer les tableaux 51 à 60).

Pour les autres mesures simples et composées, voir les solfèges d'Édouard Batiste et du Conservatoire.

J^{ne} NOURRIT-LEBOUC.

Paris. — Typographie Morris père et fils, rue Amelot, 64.

Calquer les notes et les clés au crayon. **1er TABLEAU.** *Ecrire le nom des notes.*

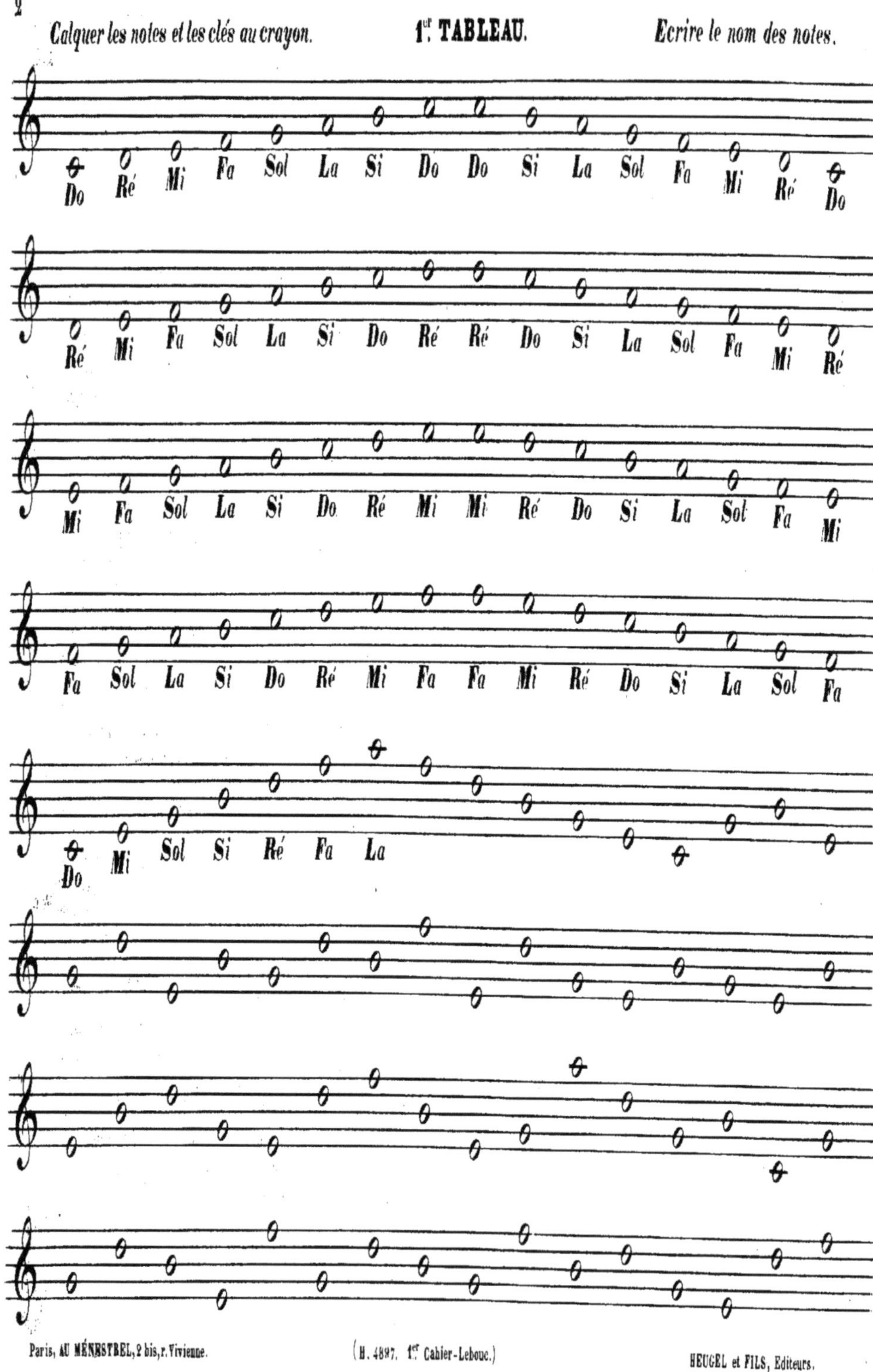

Calquer les clés et les notes au crayon. — **2me. TABLEAU.** — *Ecrire le nom des notes.*

Si Ré Fa La Do Mi Sol

Calquer les clés et les notes au crayon.

3.me TABLEAU.

Ecrire le nom des notes.

Calquer les clés et les notes au crayon.

4me. TABLEAU.

Ecrire le nom des notes.

5.me TABLEAU.

TABLEAU DE LA VALEUR DES NOTES

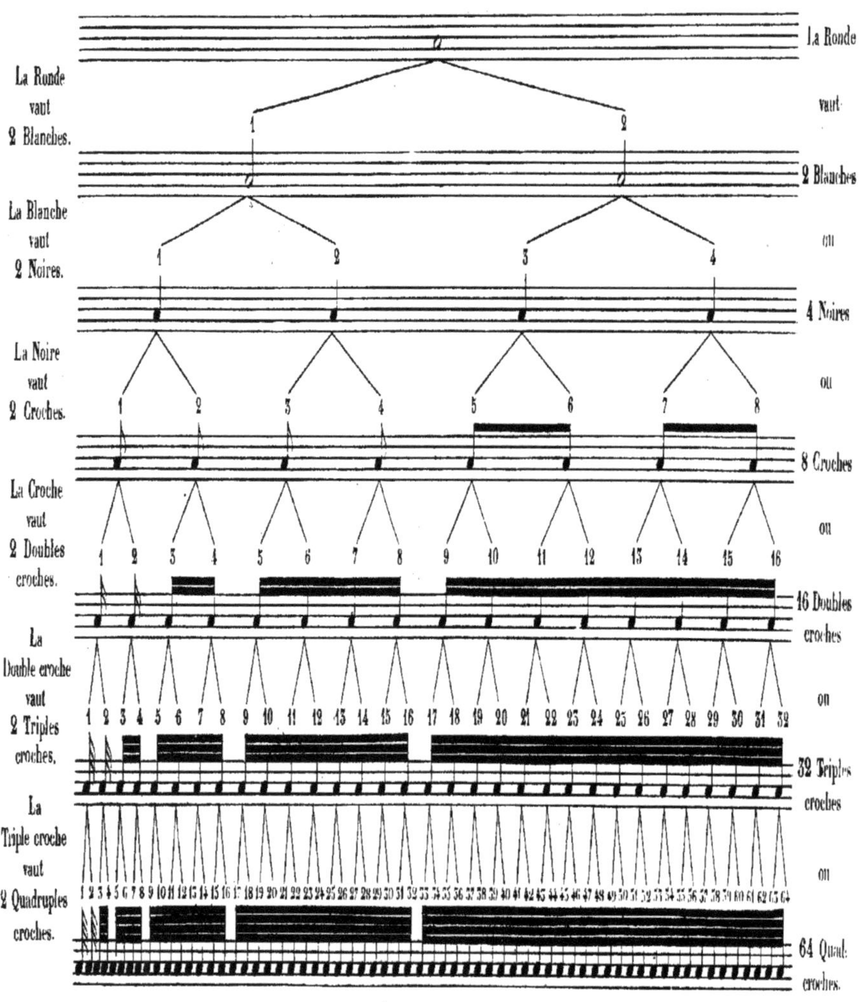

6me TABLEAU.

Ecrire sur chaque note la première lettre de sa valeur et sous chaque note son nom.

7me TABLEAU.

Ecrire sur chaque note la première lettre de sa valeur et sous chaque note son nom.

8.me TABLEAU.

Ecrire sur chaque note la 1re lettre de sa valeur et sous chaque note son nom.

Pour les enfants dont la voix ne pourrait pas monter jusqu'au Do, passer de **A** à **B** en solfiant

9.me TABLEAU.

Ecrire les temps et mettre les barres de mesure.

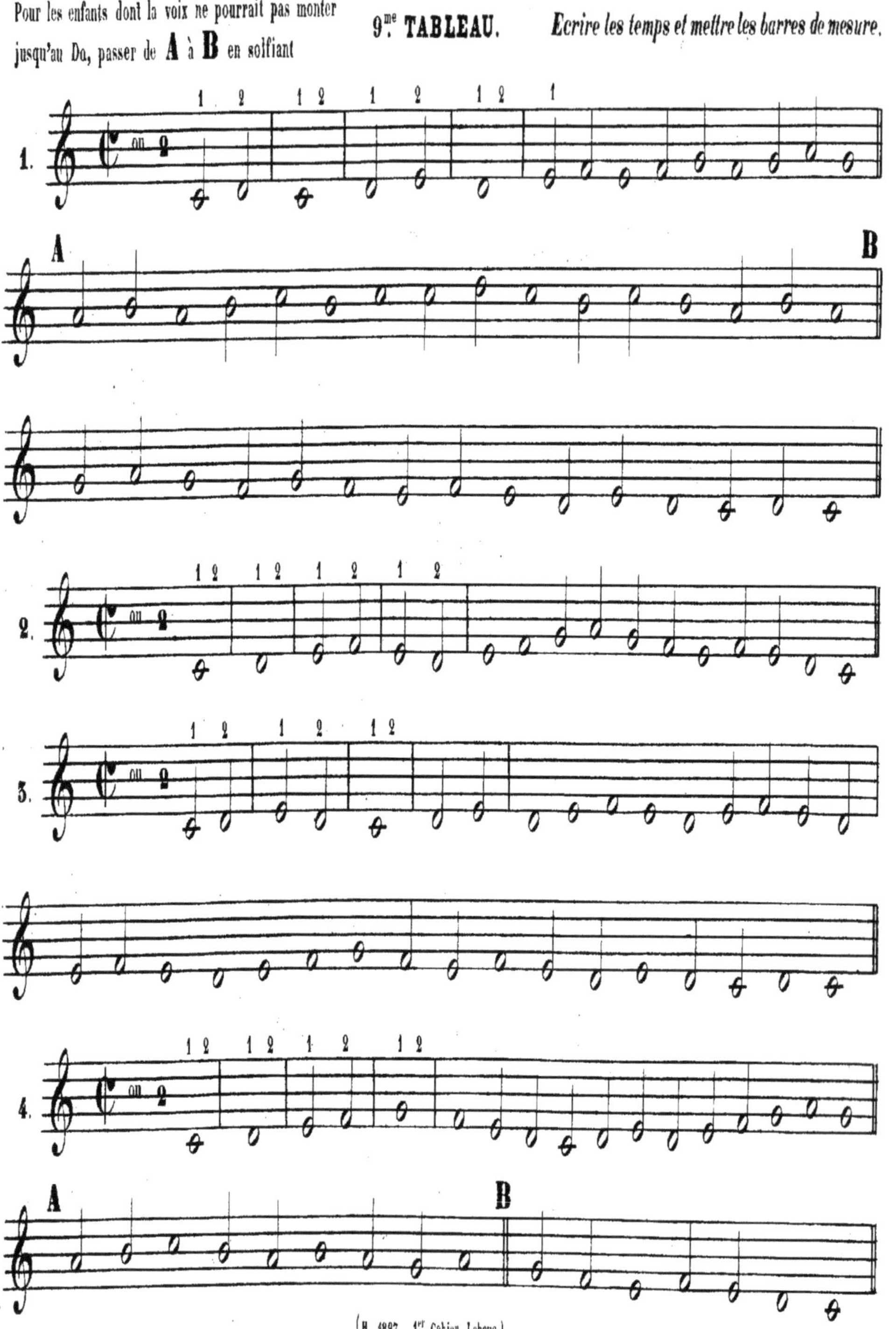

Calquer au crayon tous les signes.
10me. TABLEAU.
Ecrire les numéros des temps
et mettre les barres de mesure.
1.
2.
A
B
3.
4.

Calquer au crayon tous les signes.

11me. TABLEAU.

Mettre les queues aux Noires et aux Blanches et noircir les Noires.

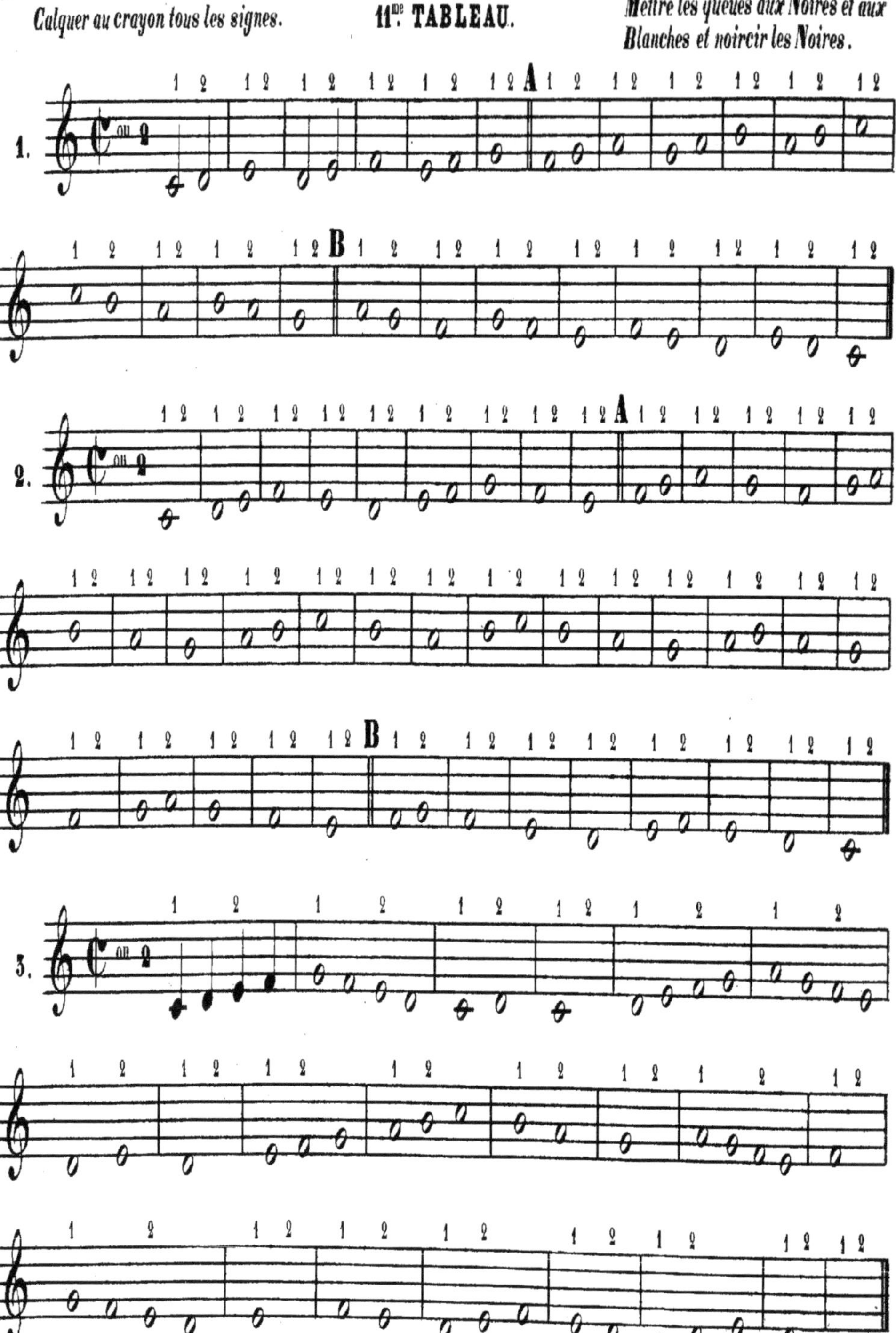

Calquer au crayon tous les signes.

12me. TABLEAU.

Mettre les queues aux Noires et aux Blanches et noircir les noires.

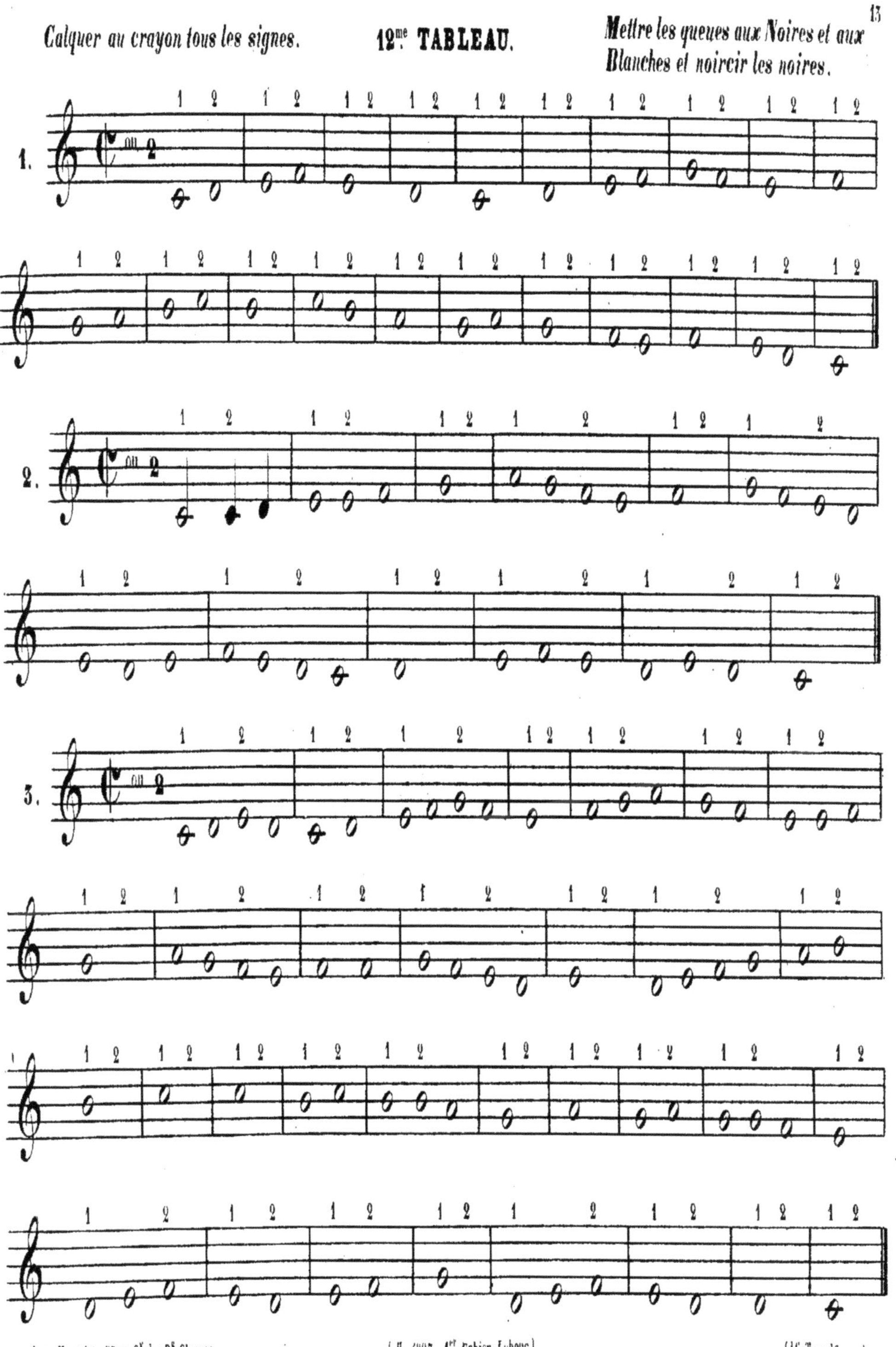

PETIT MANUEL DE MESURE ET D'INTONATION

A L'USAGE DES JEUNES ENFANTS.

60 TABLEAUX-CALQUES DE MME LEBOUC-NOURRIT

Ces *tableaux-calques*, divisés en cinq cahiers, ont pour but spécial de rompre de bonne heure les enfants à l'exercice si nécessaire de la mesure en les appliquant à la décomposer et à la recomposer eux-mêmes par l'écriture, en même temps qu'ils s'initient aux intonations et aux premiers principes de la musique. L'essai que nous avons fait de ce système a tellement justifié nos espérances que nous publions ce travail avec la confiance qu'il sera goûté par les professeurs et par les mères de famille qui désirent commencer elles-mêmes l'éducation musicale de leurs enfants.

Les élèves devront tracer au crayon sur papier transparent ces *tableaux-calques* qui leur serviront à la fois d'exercices de mesure, de principes et d'écriture musicale et les prépareront ainsi à la dictée musicale; ils devront en même temps mettre les barres de mesures et les valeurs avec le chiffre de chaque temps, ainsi qu'il est indiqué en tête de chaque tableau; puis, ils chanteront ces leçons, qui sont combinées pour les plus jeunes voix, dans l'intervalle d'une octave et par degrés conjoints d'abord; les jeunes élèves qui ne pourraient pas monter au-dessus du *sol*, s'exerceront aux premières leçons en passant de la lettre *a* à la lettre *b*. Il sera toujours bon, après le calque de mesure achevé et corrigé, de faire lire les leçons à l'élève qui nommera les notes en battant la mesure avant de les chanter. Ces cinq cahiers de *tableaux-calques* forment, avec l'explication théorique qui les précède, un petit Cours abrégé, mais suffisant pour remplir une année et préparer à l'étude du piano ou d'un autre instrument, ainsi qu'à celle du solfége (1). Les enfants peuvent être mis à ce travail, qui les amuse, dès l'âge de 5 à 6 ans.

PRINCIPES ÉLÉMENTAIRES

LEÇON I

Il y a sept noms pour distinguer les sons en musique; ce sont : *Ut* ou *do*, *ré*, *mi*, *fa*, *sol*, *la*, *si*. Chaque son désigné par un de ces noms s'appelle *note*.

Lorsque l'on nomme ces sept notes dans l'ordre régulier ci-dessus, en répétant la première note après la septième, on fait une *gamme*; la *gamme* est donc la succession, dans l'ordre régulier, des sept notes, auxquelles on ajoute la répétition de la première, ce qui fait en tout huit notes.

On peut nommer aussi ces huit notes dans l'ordre inverse, en commençant par la fin, soit : *Ut* ou *do*, *si*, *la*, *sol*, *fa*, *mi*, *ré*, *do*, et l'on obtient ainsi également une gamme; dans la première gamme, les sons s'élèvent successivement, tandis que dans la seconde ils s'abaissent; c'est pourquoi l'on appelle la première, gamme *ascendante*, et la seconde : *descendante*.

On donne encore à la gamme le nom d'échelle musicale, et chacune des notes qui la forme s'appelle un degré; dans la gamme qui commence par *ut* ou *do*, le premier degré est donc *do*; le deuxième, *ré*; le troisième, *mi*; le quatrième, *fa*; le cinquième, *sol*; le sixième, *la*; le septième, *si*; et le huitième, *do*.

On peut former une gamme en commençant par chacune des sept notes, et alors on nomme en finissant les notes qu'on a laissées en commençant, Ex. :

Do, ré, mi, fa, sol, la, si, do; *do, si, la, sol, fa, mi, ré, do.*
Ré, mi, fa, sol, la, si, do, ré; *ré, do, si, la, sol, fa, mi, ré.*
Mi, fa, sol, la, si, do, ré, mi; *mi, ré, do, si, la, sol, fa, mi.*
Fa, sol, la, si, do, ré, mi, fa; *fa, mi, ré, do, si, la, sol, fa.*
Sol, la, si, do, ré, mi, fa, sol; *sol, fa, mi, ré, do, si, la, sol.*
La, si, do, ré, mi, fa, sol, la; *la, sol, fa, mi, ré, do, si, la.*
Si, do, ré, mi, fa, sol, la, si; *si, la, sol, fa, mi, ré, do, si.*

LEÇON II (Tableaux 1, 2, 3, 4)

Pour écrire les notes, on se sert de cinq lignes, dont la réunion se nomme *portée*. La *portée* est la réunion des cinq lignes qui servent à écrire la musique. On compte ces lignes en commençant par le bas, la première ligne est donc la plus basse et la cinquième la plus haute.

L'espace compris entre les lignes se nomme *interligne*; on écrit les notes sur les lignes et sur les interlignes.

Ces cinq lignes ne suffisent pas pour écrire toutes les notes, et lorsqu'on a besoin d'écrire des notes au-dessus ou au-dessous de la portée, on se sert de petites lignes qu'on appelle *lignes supplémentaires*.

Pour désigner la place de chaque note dans la portée, on a imaginé un signe qu'on appelle *clé* et qui se place au commencement de la portée, sur une des lignes; cette clé porte le nom d'une note et donne son nom à toutes les notes qui sont sur la même ligne qu'elle.

Il y a trois différentes clés en musique : la clé de *sol*, la clé de *fa* et la clé de *do* ou *ut*. La clé de *sol* (qui a la forme indiquée au tableau 1) se place sur la deuxième ligne, c'est-à-dire que la deuxième ligne doit traverser la partie la plus large de cette clé.

Cette clé de *sol* donnant son nom aux notes qui sont sur la même ligne qu'elle, toutes les notes qui seront sur la deuxième ligne seront des *sol*; quand on voudra écrire les notes inférieures au *sol*, c'est-à-dire : *fa, mi, ré, do*, on les placera au-dessous de la deuxième ligne, en descendant graduellement par ligne et par interligne.

Lorsque, au contraire, on voudra écrire les notes supérieures au *sol*, c'est-à-dire : *la, si, do*, on les placera au-dessus de la deuxième ligne, en montant graduellement par interligne et par ligne.

Nota. — Apprendre ces principes, calquer les tableaux 1, 2, 3, 4 en apprenant bien le nom et la place des notes; s'exercer à écrire ces notes sous la dictée.

(1) Ces *tableaux-calques* sont une excellente préparation à l'étude des *tableaux de lecture musicale* d'Édouard Batiste, applicables à toutes les méthodes d'enseignement.

LEÇON III (Tableaux 5, 6, 7, 8)

Les sons peuvent durer plus ou moins longtemps, et, pour indiquer ces différentes durées, on donne aux notes des formes différentes qu'on appelle *valeurs*, parce qu'elles indiquent le temps que vaut chaque note.

Il y a sept valeurs différentes :

1° La ronde qui est la plus longue;

2° La blanche, qui vaut la moitié de la ronde;

3° La noire, qui vaut la moitié de la blanche;

4° La croche, qui vaut la moitié de la noire;

5° La double croche, qui vaut la moitié de la croche;

6° La triple croche, qui vaut la moitié de la double croche;

7° La quadruple croche, qui vaut la moitié de la triple croche.

Calquer les tableaux 5, 6, 7, 8. *(Voir la comparaison des valeurs au tableau 5)*

LEÇON IV (Tableaux 9, 10, 11, 12)

Pour donner plus de régularité à la durée relative des sons, on partage le temps que dure une phrase musicale en parties égales qu'on appelle *mesures* et qui sont elles-mêmes divisées en parties égales qu'on appelle *temps*; c'est ainsi qu'on a la mesure à deux temps, c'est-à-dire partagée en deux; la mesure à trois temps, c'est-à-dire partagée en trois, et la mesure à quatre temps, c'est-à-dire partagée en quatre. Chaque mesure s'indique sur la portée par une petite barre transversale qui la sépare de la mesure suivante et qu'on appelle *barre de séparation* ou *barre de mesure*; dans la musique écrite, la *mesure* est donc l'espace compris entre deux barres de mesure. Lorsqu'on lit ou chante la musique, on marque les temps de la mesure par des mouvements réguliers de la main; c'est ce qu'on appelle *battre la mesure*.

Il y a trois différentes mesures, ainsi que nous l'avons dit plus haut : à deux temps, à trois temps, et à quatre temps.

Dans la mesure à deux temps, le premier temps se frappe en bas et le deuxième temps est levé; on désigne cette mesure en écrivant après la clé un 2 ou un C barré, comme au tableau 9.

La ronde, étant la plus longue des valeurs, est celle qui représente une mesure entière, et l'on bat les deux temps de chaque mesure pendant qu'on lit ou qu'on chante une seule ronde.

Si la ronde dure toute la mesure, c'est-à-dire deux temps, lorsqu'on voudra faire une note qui ne dure qu'un seul temps, on devra employer la blanche, qui vaut la moitié de la ronde.

Enfin, lorsqu'on voudra faire entendre deux notes de même valeur sur chaque temps, il faudra employer la valeur qui est la moitié de la blanche, c'est-à-dire la noire. (Calquer les tableaux 9, 10, 11, 12.)

LEÇON V (Tableaux 13, 14, 15, 16)

Dans une phrase musicale, les sons ne se succèdent pas toujours sans interruption, il peut se trouver des moments où le son est interrompu plus ou moins longtemps, et ces temps d'arrêt sont représentés par des signes appelés *silences*; les silences indiquant des repos plus ou moins longs, ont, comme la valeur des notes, des figures différentes qui en indiquent la durée.

Il y a sept silences correspondant à chaque valeur de notes :

1° La pause, qui équivaut à la ronde;

2° La demi-pause, qui équivaut à la blanche;

3° Le soupir, qui équivaut à la noire;

4° Le demi-soupir, qui équivaut à la croche;

5° Le quart de soupir, qui équivaut à la double croche;

6° Le huitième de soupir, qui équivaut à la triple croche;

7° Le seizième de soupir, qui équivaut à la quadruple croche.

Comme pour les valeurs de notes, chaque silence se subdivise en deux silences de moitié moins de valeur. (Calquer les tableaux 13, 14, 15, 16.) *(Voir le tableau 13)*

LEÇON VI (Tableaux 17, 18, 19, 20)

Quand les notes sont employées dans un ordre différent de celui de la gamme, ce qui arrive le plus souvent, il se trouve entre elles des distances plus ou moins grandes; par exemple, si l'on écrit *do, sol*, il y a entre ces deux notes la place du *ré*, du *mi*, du *fa*; tandis que si l'on écrit *do, mi*, il n'y a que la place du *ré* entre ces deux notes; cette distance qui sépare deux notes s'appelle *intervalle*; les intervalles ont des noms différents qui leur sont donnés d'après le nombre de degrés qu'ils renferment. L'intervalle qui ne renferme que deux degrés s'appelle *seconde*; celui qui renferme trois degrés, *tierce*; quatre degrés, *quarte*; cinq degrés, *quinte*; six degrés, *sixte*; sept degrés, *septième* et huit degrés, *octave*.

Il faut remarquer que la distance qui sépare deux degrés voisins n'est pas toujours la même; ainsi, en examinant sur le piano les degrés de la gamme de *do*, on s'aperçoit qu'ils ne sont pas tous à égale distance les uns des autres, c'est-à-dire que cinq de ces degrés sont séparés du degré suivant par une touche noire qui représente un son intermédiaire, tandis que deux autres degrés joignent immédiatement le degré suivant sans qu'il existe entre eux aucun son ou touche intermédiaire; par suite, on appelle *ton* l'intervalle compris entre deux notes qui sont séparées par une touche ou un son intermédiaire, et *demi-ton* l'intervalle plus petit compris entre deux notes se joignant immédiatement sans touche ou son intermédiaire. Dans la gamme de *do*, les deux demi-tons sont placés de *mi* à *fa* et de *si* à *do*, c'est-à-dire du troisième au quatrième degré et du septième au huitième degré.

Calquer les tableaux 17, 18, 19, 20.

LEÇON VII (Tableaux 21, 22, 23, 24)

Lorsqu'on fait entendre en même temps certains intervalles au-dessus de la même note basse, on forme des *accords*; un *accord* est donc la réunion de certains intervalles ayant la même note pour basse.

Nous ne nous occuperons ici que d'un seul accord qui s'appelle *accord parfait*.

L'*accord parfait* est formé par la *réunion* d'une *tierce* qu'on appelle *majeure* (composée de deux tons), et d'une *quinte* qu'on appelle *juste* (composée de trois tons et d'un demi-ton), ayant toutes deux pour note inférieure, ou *basse*, la même note; on y ajoute souvent l'octave supérieure : *Do, mi, sol, do*. On peut former un accord parfait sur tous les degrés de la gamme. (Calquer les tableaux 21, 22, 23, 24.)

Faire nommer et chanter les notes des accords parfaits sur tous les degrés.

LEÇON VIII (Tableaux 25, 26, 27, 28)

Nous avons dit qu'il y a trois clés pour écrire la musique; celle qui est la plus usitée après la clé de *sol* est la clé de *fa*, sur la quatrième ligne, qui sert pour la main gauche du piano; on l'écrit comme au tableau 25, et on la place sur la quatrième ligne, c'est-à-dire que la quatrième ligne doit traverser la boucle et les deux points; toutes les notes écrites sur la quatrième ligne sont donc des *fa*, et l'on écrit la gamme comme au tableau 25, en plaçant graduellement les notes au-dessus et au-dessous du *fa* dans leur ordre naturel.

Nous allons étudier une mesure qui se bat aussi à deux temps, mais qui est formée de valeurs moitié plus petites que la mesure qu'on appelle *grande mesure* à deux temps, pour indiquer qu'elle est formée de valeurs plus longues que celle dont nous nous occupons aujourd'hui. Celle-ci n'a sur chaque temps qu'une noire ou deux croches, et la mesure entière ne renferme donc que deux noires ou une blanche. On indique cette mesure par le chiffre 2 posé au-dessus du chiffre 4, ce qui se lit *deux-quatre*, et veut dire deux quarts de ronde; en effet, chaque temps de cette mesure étant formé d'une noire qui est un quart de ronde, la mesure entière renferme bien deux noires ou deux quarts de ronde. (Calquer les tableaux 25, 26, 27, 28.)

LEÇON IX (Tableaux 29, 30, 31, 32)

Le *dièse* est un signe qui hausse d'un demi-ton la note devant laquelle il est placé, et qui s'écrit ainsi : ♯

Nous avons déjà parlé de la mesure à quatre temps; nous allons étudier sa composition. Elle est représentée par une ronde et chacun des quatre temps vaut le quart de la ronde, c'est-à-dire une noire ou deux croches.

Elle se bat par quatre mouvements de la main : le premier en bas, le deuxième à gauche, le troisième à droite et le quatrième en haut. (Calquer les tableaux 29, 30, 31, 32.)

LEÇON X (Tableaux 33, 34, 35, 36)

Le *bémol* est un signe qui sert à baisser d'un demi-ton la note devant laquelle il est placé, et qui s'écrit ainsi : ♭

Le dièse placé devant une note produit son effet sur toutes les notes semblables placées dans la même mesure, sans qu'il soit nécessaire de l'écrire de nouveau; lorsqu'on veut détruire l'effet du dièse et replacer dans son intonation naturelle la note diésée, on emploie un signe qu'on appelle *bécarre* et qui se place devant la note qu'on veut remettre dans son intonation naturelle.

Ainsi que le dièse, le bémol produit son effet pendant toute la durée de la mesure dans laquelle il est placé; pour le détruire on emploie aussi le bécarre.

Calquer les tableaux 33, 34, 35, 36

LEÇON XI (Tableaux 37, 38, 39, 40)

On donne le nom de *gamme diatonique* à la gamme qui procède par tons et demi-tons, comme la gamme de *do*, et l'on appelle *gamme chromatique* celle qui ne procède que par demi-tons et qu'on forme en faisant entendre tous les demi-tons qui séparent les tons de la gamme diatonique. Ex :

Do, do ♯, ré, ré ♯, mi, fa, fa ♯, sol, sol ♯, la, la ♯, si, do, et en descendant : *do, si, si ♭ la, la ♭, sol, sol ♭, fa, mi, mi ♭, ré, ré ♭, do.*

On appelle également *demi-ton diatonique* celui dont les deux notes portent un nom différent et qui est celui qui se trouve dans la gamme diatonique; tandis que l'on appelle *demi-ton chromatique* celui dont les deux notes portent le même nom et qui ne se trouve que dans la *gamme chromatique*. (Calquer les tableaux 37, 38, 39, 40)

LEÇON XII (Tableaux 41 à 48)

La mesure qui se bat à trois temps, et dont chaque temps est représenté par une noire, se compose de trois noires et s'écrit par le chiffre 3 placé sur un 4, ce qui se lit *trois-quatre* et veut dire que cette mesure est composée de trois quarts de ronde; si l'on veut n'employer qu'une seule note pour représenter la mesure entière, on trouve que la blanche est trop petite, puisqu'elle ne vaut que deux noires, et que la ronde est trop grande puisqu'elle vaut quatre noires. On met alors un point après la blanche; ce point sert à augmenter de moitié la valeur de la note après laquelle il est placé; la blanche valant deux noires, le point l'augmente de la moitié, c'est-à-dire d'une noire, et une blanche pointée vaut ainsi trois noires.

Le point augmente de même de moitié toutes les valeurs et l'on trouve ainsi que la ronde pointée vaut trois blanches, la blanche pointée vaut trois noires, etc.

La mesure à trois temps se bat par trois mouvements de la main : le premier en bas, le deuxième à droite et le troisième en haut. (Calquer les tableaux 41 à 48.)

LEÇONS XIII et XIV (Tableaux 49 à 60)

Une autre mesure à trois temps, assez usitée, est celle dont chaque temps est représenté par une simple croche. On désigne cette mesure par les chiffres 3/8 parce qu'elle se compose de trois huitièmes de ronde. La mesure entière en est représentée par une noire pointée valant trois croches. (Calquer les tableaux 49 et 50).

Les mesures à 2, 3 et 4 temps, précédemment étudiées, ont sur chaque temps une valeur simple: blanche, noire ou croche, se décomposant en 2 valeurs plus petites; c'est pourquoi on les appelle mesures *simples* ou à *temps binaires*; par opposition, on donne le nom de mesures *composées* ou à *temps ternaires*, à celles qui ont sur chaque temps une valeur pointée, se décomposant en 3 valeurs plus petites. Les mesures simples sont donc celles dont chaque temps est représenté par une valeur simple, tandis que les mesures composées sont celles dont chaque temps est représenté par une valeur pointée.

On forme les mesures composées d'après les mesures simples en ajoutant un point à la valeur qui représente chaque temps; ainsi, en ajoutant un point à chacune des noires de la mesure à 2/4, on a 2 noires pointées, ou 2 fois 3 croches, c'est-à-dire 6 croches qui forment la mesure à 6/8, ainsi nommée parce qu'elle renferme 6 huitièmes de ronde.

La mesure à 6/8 est donc une mesure composée à 2 temps, dérivant de la mesure à 2/4.

De la même manière se forment la mesure composée à 3 temps qu'on appelle 9/8 et la mesure composée à 4 temps, qu'on appelle 12/8.

On désigne les mesures composées, comme les mesures simples, par 2 chiffres superposés dont le supérieur indique le nombre de notes renfermées dans chaque mesure et l'inférieur, la valeur de ces notes par rapport à la ronde.

Dans les mesures simples le chiffre supérieur est toujours 2, 3 ou 4, tandis que dans les mesures composées c'est un de ces 3 nombres multiplié par 3, c'est-à-dire 6, 9 ou 12. (Calquer les tableaux 51 à 60).

Pour les autres mesures simples et composées, voir les solfèges d'Edouard Batiste et du Conservatoire.

J^{ie} NOURRIT-LEBOUC.

Paris. — Typographie Morris père et fils, rue Amelot, 64.

13me TABLEAU.

TABLEAU DE LA VALEUR DES SILENCES.

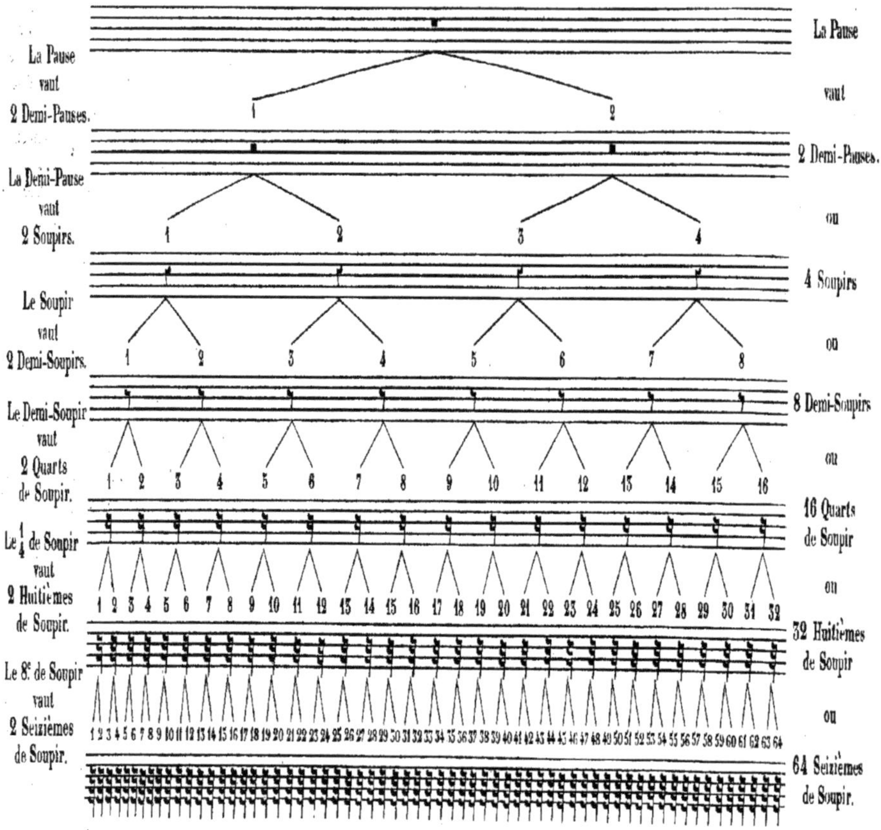

La Pause vaut 2 Demi-Pauses. — La Pause

1 2

vaut 2 Demi-Pauses.

La Demi-Pause vaut 2 Soupirs.

1 2 3 4

ou 4 Soupirs

Le Soupir vaut 2 Demi-Soupirs.

1 2 3 4 5 6 7 8

ou 8 Demi-Soupirs

Le Demi-Soupir vaut 2 Quarts de Soupir.

1 2 3 4 5 6 7 8 9 10 11 12 13 14 15 16

ou 16 Quarts de Soupir

Le $\frac{1}{4}$ de Soupir vaut 2 Huitièmes de Soupir.

1 2 3 4 5 6 7 8 9 10 11 12 13 14 15 16 17 18 19 20 21 22 23 24 25 26 27 28 29 30 31 32

ou 32 Huitièmes de Soupir

Le 8e de Soupir vaut 2 Seizièmes de Soupir.

1 2 3 4 5 6 7 8 9 10 11 12 13 14 15 16 17 18 19 20 21 22 23 24 25 26 27 28 29 30 31 32 33 34 35 36 37 38 39 40 41 42 43 44 45 46 47 48 49 50 51 52 53 54 55 56 57 58 59 60 61 62 63 64

ou 64 Seizièmes de Soupir.

NOTES.

SILENCES.

Voir au 14me TABLEAU.

Mettre les barres de mesure et les numéros des temps à la leçon 1.

14me. TABLEAU.

Mettre les valeurs et mettre sous chaque point le silence nécessaire. aux leçons 2-3

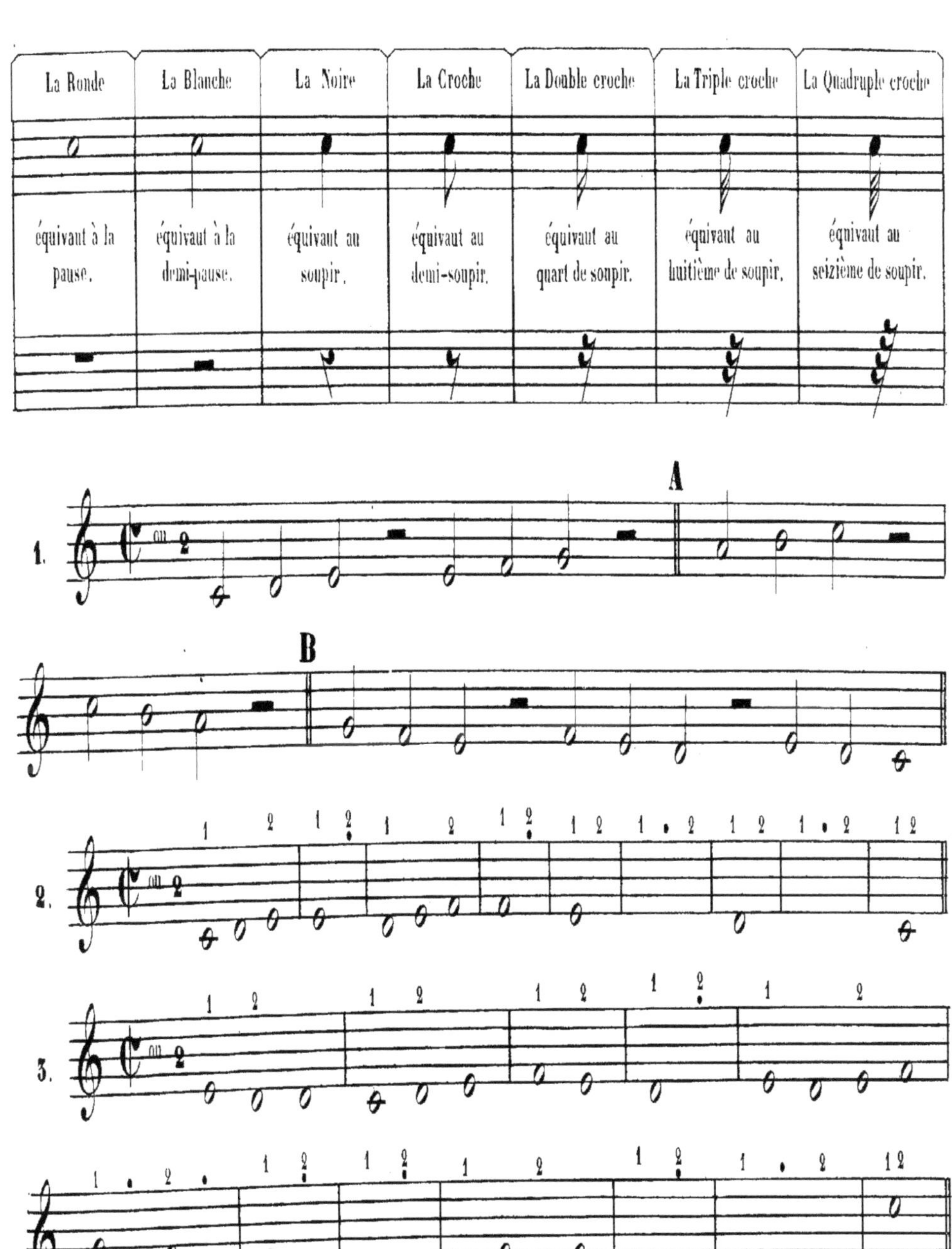

Calquer au crayon tous les signes.

15me. TABLEAU.

Mettre un silence sous chaque point et mettre les barres de mesure et les Nos. des temps.

Calquer au crayon tous les signes. **16me TABLEAU.** *Mettre un silence sous chaque point.*

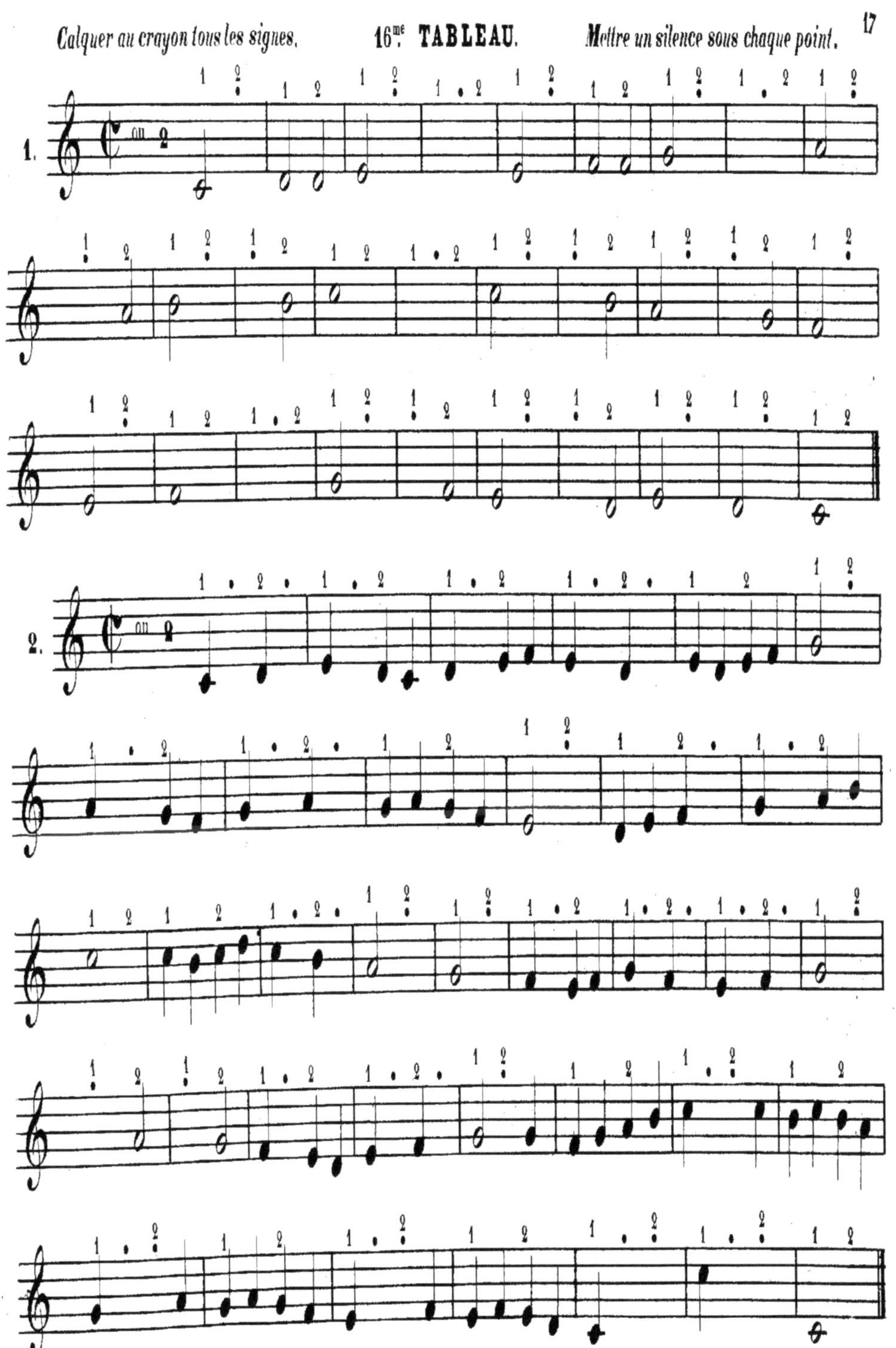

Mettre les barres de mesures et le chiffre sur chaque temps.

17me TABLEAU.

Marquer d'un tiret les tierces des Nos 1, 2.

2de 3ce 4te 5te 6te 7me 8ve 3ce 2de 5te 4te 7me 6te 8ve

EXEMPLE

1. ou 2

2. ou 2

18me. TABLEAU.

Mettre les barres de mesure et le chiffre sur chaque temps.

Marquer d'un tiret les Quintes du N°. 2. et les tierces du N°. 1.

Mettre les queues aux Blanches et aux Noires, noircir les Noires et mettre un silence sous chaque point.

19.me TABLEAU.

Mettre un tiret aux Tierces qui sont dans les mesures des N.os 1, 2 de ce tableau.

1\.

2\.

Mettre un tiret aux Tierces du N°. 1.

Ecrire sous chaque tiret du N°. 2. le chiffre de l'intervalle.

20me. TABLEAU.

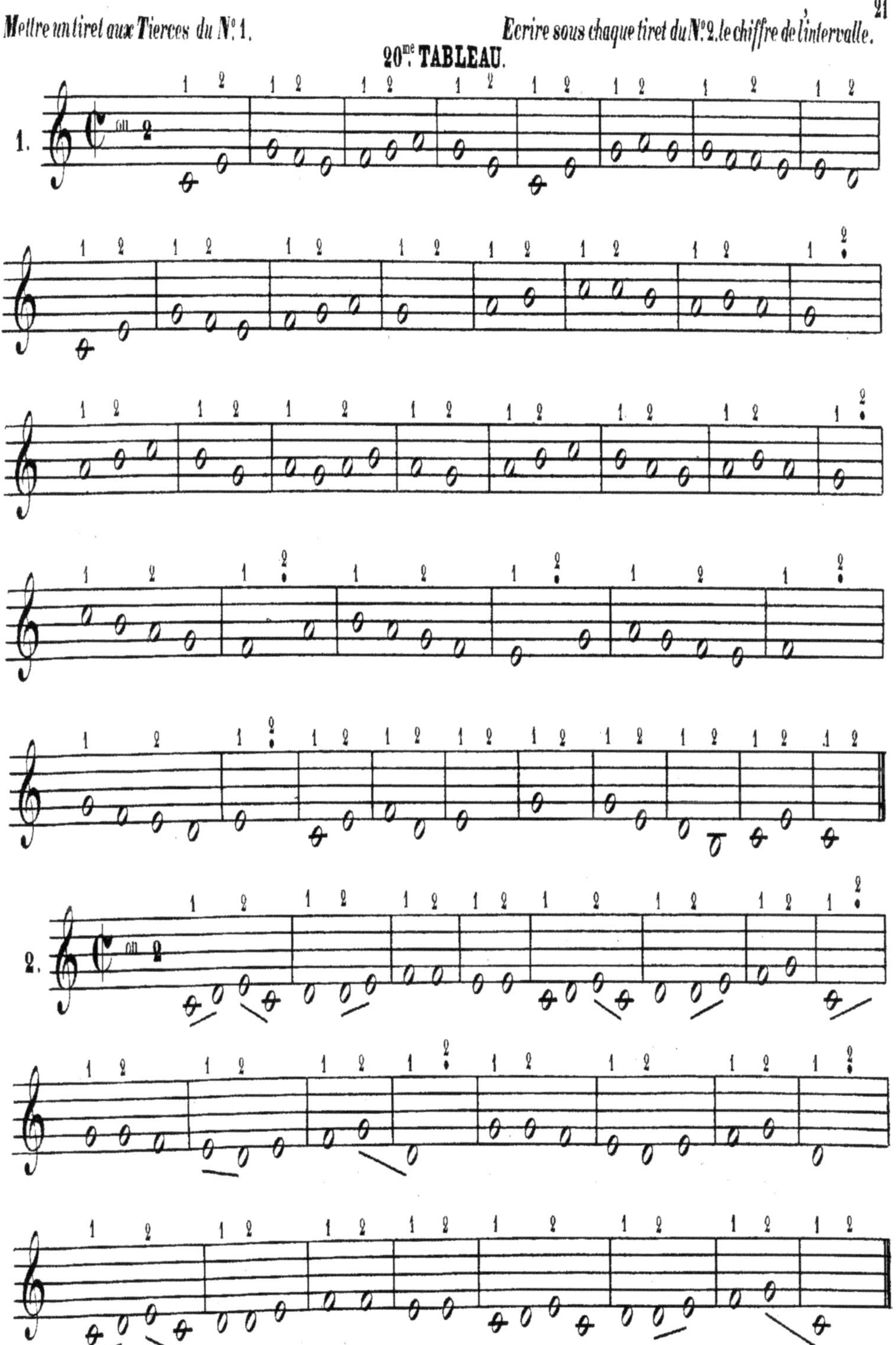

Marquer d'un tiret les Quartes et les Octaves du N° 1. Mettre les barres de mesures.

21me. TABLEAU.

Ecrire sous chaque tiret du N° 2. le chiffre de l'intervalle. Mettre les barres de mesure.

Marquer d'un tiret les Quartes et les Octaves du N° 1. Mettre les barres de mesures.

22me TABLEAU.

Ecrire sous chaque tiret du N° 2 le chiffre de l'intervalle. Mettre les barres de mesure.

Mettre en valeurs tous ces exercices.

23.me TABLEAU.

Marquer d'un tiret les Quartes, Quintes et Octaves du N°. 1.
Mettre sous chaque tiret du N°. 2 le chiffre de l'intervalle.

Mettre en valeurs tous ces exercices. **24me. TABLEAU.** *Marquer d'un tiret les Quartes, Quintes et Octaves du N°. 1. Mettre sous chaque tiret du N°. 2 le chiffre de l'intervalle.*

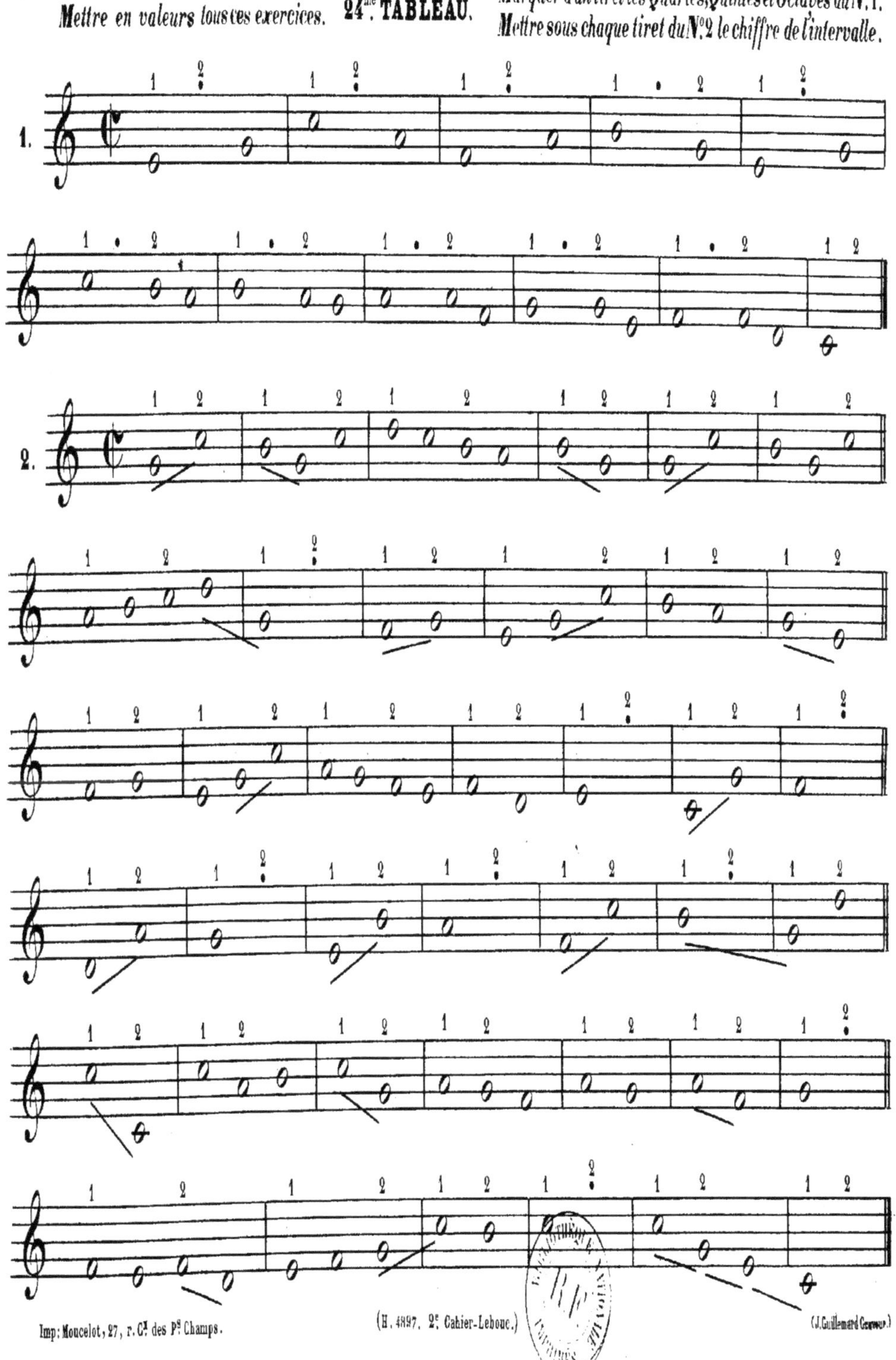

Imp: Moucelot, 27, r. Cᵉˢ des Pᵗˢ Champs. (H. 4897. 2ᵉ Cahier-Lebouc.) (J. Guillemard Graveur.)

PETIT MANUEL DE MESURE ET D'INTONATION

A L'USAGE DES JEUNES ENFANTS.

60 TABLEAUX-CALQUES DE MME LEBOUC-NOURRIT

Ces *tableaux-calques*, divisés en cinq cahiers, ont pour but spécial de rompre de bonne heure les enfants à l'exercice si nécessaire de la mesure en les appliquant à la décomposer et à la recomposer eux-mêmes par l'écriture, en même temps qu'ils s'initient aux intonations et aux premiers principes de la musique. L'essai que nous avons fait de ce système a tellement justifié nos espérances que nous publions ce travail avec la confiance qu'il sera goûté par les professeurs et par les mères de famille qui désirent commencer elles-mêmes l'éducation musicale de leurs enfants.

Les élèves devront tracer au crayon sur papier transparent ces *tableaux-calques* qui leur serviront à la fois d'exercices de mesure, de principes et d'écriture musicale et les prépareront ainsi à la dictée musicale; ils devront en même temps mettre les barres de mesures et les valeurs avec le chiffre de chaque temps, ainsi qu'il est indiqué en tête de chaque tableau; puis, ils chanteront ces leçons, qui sont combinées pour les plus jeunes voix, dans l'intervalle d'une octave et par degrés conjoints d'abord; les jeunes élèves qui ne pourraient pas monter au-dessus du *sol*, s'exerceront aux premières leçons en passant de la lettre *a* à la lettre *b*. Il sera toujours bon, après le calque de mesure achevé et corrigé, de faire lire les leçons à l'élève qui nommera les notes en battant la mesure avant de les chanter. Ces cinq cahiers de *tableaux-calques* forment, avec l'explication théorique qui les précède, un petit Cours abrégé, mais suffisant pour remplir une année et préparer à l'étude du piano ou d'un autre instrument, ainsi qu'à celle du solfége (1). Les enfants peuvent être mis à ce travail, qui les amuse, dès l'âge de 5 à 6 ans.

PRINCIPES ÉLÉMENTAIRES

LEÇON I

Il y a sept noms pour distinguer les sons en musique; ce sont: *Ut* ou *do*, *ré*, *mi*, *fa*, *sol*, *la*, *si*. Chaque son désigné par un de ces noms s'appelle *note*.

Lorsque l'on nomme ces sept notes dans l'ordre régulier ci-dessus, en répétant la première note après la septième, on fait une *gamme*; la *gamme* est donc la succession, dans l'ordre régulier, des sept notes, auxquelles on ajoute la répétition de la première, ce qui fait en tout huit notes.

On peut nommer aussi ces huit notes dans l'ordre inverse, en commençant par la fin, soit: *Ut* ou *do*, *si*, *la*, *sol*, *fa*, *mi*, *ré*, *do*, et l'on obtient ainsi également une gamme; dans la première gamme, les sons s'élèvent successivement, tandis que dans la seconde ils s'abaissent; c'est pourquoi l'on appelle la première, gamme *ascendante*, et la seconde: *descendante*.

On donne encore à la gamme le nom d'échelle musicale, et chacune des notes qui la forme s'appelle un degré; dans la gamme qui commence par *ut* ou *do*, le premier degré est donc *do*; le deuxième, *ré*; le troisième, *mi*; le quatrième, *fa*; le cinquième, *sol*; le sixième, *la*; le septième, *si*; et le huitième, *do*.

On peut former une gamme en commençant par chacune des sept notes, et alors on nomme en finissant les notes qu'on a laissées en commençant, Ex.:

Do, ré, mi, fa, sol, la, si, do; do, si, la, sol, fa, mi, ré, do.
Ré, mi, fa, sol, la, si, do, ré; ré, do, si, la, sol, fa, mi, ré.
Mi, fa, sol, la, si, do, ré, mi; mi, ré, do, si, la, sol, fa, mi.
Fa, sol, la, si, do, ré, mi, fa; fa, mi, ré, do, si, la, sol, fa.
Sol, la, si, do, ré, mi, fa, sol; sol, fa, mi, ré, do, si, la, sol.
La, si, do, ré, mi, fa, sol, la; la, sol, fa, mi, ré, do, si, la.
Si, do, ré, mi, fa, sol, la, si; si, la, sol, fa, mi, ré, do, si.

LEÇON II (Tableaux 1, 2, 3, 4)

Pour écrire les notes, on se sert de cinq lignes, dont la réunion se nomme *portée*. La *portée* est la réunion des cinq lignes qui servent à écrire la musique. On compte ces lignes en commençant par le bas, la première ligne est donc la plus basse et la cinquième la plus haute.

L'espace compris entre les lignes se nomme *interligne*; on écrit les notes sur les lignes et sur les interlignes.

Ces cinq lignes ne suffisent pas pour écrire toutes les notes, et lorsqu'on a besoin d'écrire des notes au-dessus ou au-dessous de la portée, on se sert de petites lignes qu'on appelle *lignes supplémentaires*.

Pour désigner la place de chaque note dans la portée, on a imaginé un signe qu'on appelle *clé* et qui se place au commencement de la portée, sur une des lignes; cette clé porte le nom d'une note et donne son nom à toutes les notes qui sont sur la même ligne qu'elle.

Il y a trois différentes clés en musique: la clé de *sol*, la clé de *fa* et la clé de *do* ou *ut*. La clé de *sol* (qui a la forme indiquée au tableau 1) se place sur la deuxième ligne, c'est-à-dire que la deuxième ligne doit traverser la partie la plus large de cette clé.

Cette clé de *sol* donnant son nom aux notes qui sont sur la même ligne qu'elle, toutes les notes qui seront sur la deuxième ligne seront des *sol*; quand on voudra écrire les notes inférieures au *sol*, c'est-à-dire: *fa*, *mi*, *ré*, *do*, on les placera au-dessous de la deuxième ligne, en descendant graduellement par ligne et par interligne.

Lorsque, au contraire, on voudra écrire les notes supérieures au *sol*, c'est-à-dire: *la*, *si*, *do*, on les placera au-dessus de la deuxième ligne, en montant graduellement par interligne et par ligne.

NOTA. — Apprendre ces principes, calquer les tableaux 1, 2, 3, 4 en apprenant bien le nom et la place des notes; s'exercer à écrire ces notes sous la dictée.

(1) Ces *tableaux-calques* sont une excellente préparation à l'étude des *tableaux de lecture musicale* d'EDOUARD BATISTE, applicables à toutes les méthodes d'enseignement.

LEÇON III (Tableaux 5, 6, 7, 8)

Les sons peuvent durer plus ou moins longtemps, et, pour indiquer ces différentes durées, on donne aux notes des formes différentes qu'on appelle *valeurs*, parce qu'elles indiquent le temps que vaut chaque note.

Il y a sept valeurs différentes :

1° La ronde qui est la plus longue;

2° La blanche, qui vaut la moitié de la ronde;

3° La noire, qui vaut la moitié de la blanche;

4° La croche, qui vaut la moitié de la noire;

5° La double croche, qui vaut la moitié de la croche;

6° La triple croche, qui vaut la moitié de la double croche;

7° La quadruple croche, qui vaut la moitié de la triple croche.

Calquer les tableaux 5, 6, 7, 8. *(Voir la comparaison des valeurs au tableau 5)*

LEÇON IV (Tableaux 9, 10, 11, 12)

Pour donner plus de régularité à la durée relative des sons, on partage le temps que dure une phrase musicale en parties égales qu'on appelle *mesures* et qui son elles-mêmes divisées en parties égales qu'on appelle *temps*; c'est ainsi qu'on a la mesure à deux temps, c'est-à-dire partagée en deux; la mesure à trois temps, c'est-à-dire partagée en trois, et la mesure à quatre temps, c'est-à-dire partagée en quatre. Chaque mesure s'indique sur la portée par une petite barre transversale qui la sépare de la mesure suivante et qu'on appelle *barre de séparation* ou *barre de mesure*; dans la musique écrite, la *mesure* est donc l'espace compris entre deux barres de mesure. Lorsqu'on lit ou chante la musique, on marque les temps de la mesure par des mouvements réguliers de la main; c'est ce qu'on appelle *battre la mesure*.

Il y a trois différentes mesures, ainsi que nous l'avons dit plus haut: à deux temps, à trois temps, et à quatre temps.

Dans la mesure à deux temps, le premier temps se frappe en bas et le deuxième temps est levé; on désigne cette mesure en écrivant après la clé un 2 ou un C barré, comme au tableau 9.

La ronde, étant la plus longue des valeurs, est celle qui représente une mesure entière, et l'on bat les deux temps de chaque mesure pendant qu'on lit ou qu'on chante une seule ronde.

Si la ronde dure toute la mesure, c'est-à-dire deux temps, lorsqu'on voudra faire une note qui ne dure qu'un seul temps, on devra employer la blanche, qui vaut la moitié de la ronde.

Enfin, lorsqu'on voudra faire entendre deux notes de même valeur sur chaque temps, il faudra employer la valeur qui est la moitié de la blanche, c'est-à-dire la noire. (Calquer les tableaux 9, 10, 11, 12.)

LEÇON V (Tableaux 13, 14, 15, 16)

Dans une phrase musicale, les sons ne se succèdent pas toujours sans interruption, il peut se trouver des moments où le son est interrompu plus ou moins longtemps, et ces temps d'arrêt sont représentés par des signes appelés *silences*; les silences, indiquant des repos plus ou moins longs, ont, comme la valeur des notes, des figures différentes qui en indiquent la durée.

Il y a sept silences correspondant à chaque valeur de notes :

1° La pause, qui équivaut à la ronde;

2° La demi-pause, qui équivaut à la blanche;

3° Le soupir, qui équivaut à la noire;

4° Le demi-soupir, qui équivaut à la croche;

5° Le quart de soupir, qui équivaut à la double croche;

6° Le huitième de soupir, qui équivaut à la triple croche;

7° Le seizième de soupir, qui équivaut à la quadruple croche.

Comme pour les valeurs de notes, chaque silence se subdivise en deux silences de moitié moins de valeur. (Calquer les tableaux 13, 14, 15, 16.) *(Voir le tableau 13)*

LEÇON VI (Tableaux 17, 18, 19, 20)

Quand les notes sont employées dans un ordre différent de celui de la gamme, ce qui arrive le plus souvent, il se trouve entre elles des distances plus ou moins grandes; par exemple, si l'on écrit *do, sol*, il y a entre ces deux notes la place du *ré*, du *mi*, du *fa*; tandis que si l'on écrit *do, mi*, il n'y a que la place du *ré* entre ces deux notes; cette distance qui sépare deux notes s'appelle *intervalle*; les intervalles ont des noms différents qui leur sont donnés d'après le nombre de degrés qu'ils renferment. L'intervalle qui ne renferme que deux degrés s'appelle *seconde*; celui qui renferme trois degrés, *tierce*; quatre degrés, *quarte*; cinq degrés, *quinte*; six degrés, *sixte*; sept degrés, *septième* et huit degrés, *octave*.

Il faut remarquer que la distance qui sépare deux degrés voisins n'est pas toujours la même; ainsi, en examinant sur le piano les degrés de la gamme de *do*, on s'aperçoit qu'ils ne sont pas tous à égale distance les uns des autres, c'est-à-dire que cinq de ces degrés sont séparés du degré suivant par une touche noire qui représente un son intermédiaire, tandis que deux autres degrés joignent immédiatement le degré suivant sans qu'il existe entre eux aucun son ou touche intermédiaire; par suite, on appelle *ton* l'intervalle compris entre deux notes qui sont séparées par une touche ou un son intermédiaire, et *demi-ton* l'intervalle plus petit compris entre deux notes se joignant immédiatement sans touche ou son intermédiaire. Dans la gamme de *do*, les deux demi-tons sont placés de *mi* à *fa* et de *si* à *do*, c'est-à-dire du troisième au quatrième degré et du septième au huitième degré.

Calquer les tableaux 17, 18, 19, 20.

LEÇON VII (Tableaux 21, 22, 23, 24)

Lorsqu'on fait entendre en même temps certains intervalles au-dessus de la même note basse, on forme des *accords*; un *accord* est donc la réunion de certains intervalles ayant la même note pour basse.

Nous ne nous occuperons ici que d'un seul accord qui s'appelle *accord parfait*.

L'*accord parfait* est formé par la *réunion* d'une *tierce* qu'on appelle *majeure* (composée de deux tons), et d'une *quinte* qu'on appelle *juste* (composée de trois tons et d'un demi-ton), ayant toutes deux pour note inférieure, ou *basse*, la même note; on y ajoute souvent l'octave supérieure : *Do, mi, sol, do*. On peut former un accord parfait sur tous les degrés de la gamme. (Calquer les tableaux 21, 22, 23, 24.)

Faire nommer et chanter les notes des accords parfaits sur tous les degrés.

LEÇON VIII (Tableaux 25, 26, 27, 28)

Nous avons dit qu'il y a trois clés pour écrire la musique; celle qui est la plus usitée après la clé de *sol* est la clé de *fa*, sur la quatrième ligne, qui sert pour la main gauche du piano; on l'écrit comme au tableau 25, et on la place sur la quatrième ligne, c'est-à-dire que la quatrième ligne doit traverser la boucle et les deux points; toutes les notes écrites sur la quatrième ligne sont donc des *fa*, et l'on écrit la gamme comme au tableau 25, en plaçant graduellement les notes au-dessus et au-dessous du *fa* dans leur ordre naturel.

Nous allons étudier une mesure qui se bat aussi à deux temps, mais qui est formée de valeurs moitié plus petites que la mesure qu'on appelle *grande mesure* à deux temps, pour indiquer qu'elle est formée de valeurs plus longues que celle dont nous nous occupons aujourd'hui. Celle-ci n'a sur chaque temps qu'une noire ou deux croches, et la mesure entière ne renferme donc que deux noires ou une blanche. On indique cette mesure par le chiffre 2 posé au-dessus du chiffre 4, ce qui se lit *deux-quatre*, et veut dire deux quarts de ronde; en effet, chaque temps de cette mesure étant formé d'une noire qui est un quart de ronde, la mesure entière renferme bien deux noires ou deux quarts de ronde. (Calquer les tableaux 25, 26, 27, 28.)

LEÇON IX (Tableaux 29, 30, 31, 32)

Le *dièse* est un signe qui hausse d'un demi-ton la note devant laquelle il est placé, et qui s'écrit ainsi : ♯

Nous avons déjà parlé de la mesure à quatre temps; nous allons étudier sa composition. Elle est représentée par une ronde et chacun des quatre temps vaut le quart de la ronde, c'est-à-dire une noire ou deux croches.

Elle se bat par quatre mouvements de la main : le premier en bas, le deuxième à gauche, le troisième à droite et le quatrième en haut. (Calquer les tableaux 29, 30, 31, 32.)

LEÇON X (Tableaux 33, 34, 35, 36)

Le *bémol* est un signe qui sert à baisser d'un demi-ton la note devant laquelle il est placé, et qui s'écrit ainsi : ♭

Le dièse placé devant une note produit son effet sur toutes les notes semblables placées dans la même mesure, sans qu'il soit nécessaire de l'écrire de nouveau; lorsqu'on veut détruire l'effet du dièse et replacer dans son intonation naturelle la note diésée, on emploie un signe qu'on appelle *bécarre* et qui se place devant la note qu'on veut remettre dans son intonation naturelle.

Ainsi que le dièse, le bémol produit son effet pendant toute la durée de la mesure dans laquelle il est placé; pour le détruire on emploie aussi le bécarre.

Calquer les tableaux 33, 34, 35, 36.

LEÇON XI (Tableaux 37, 38, 39, 40)

On donne le nom de *gamme diatonique* à la gamme qui procède par tons et demi-tons, comme la gamme de *do*, et l'on appelle *gamme chromatique* celle qui ne procède que par demi-tons et qu'on forme en faisant entendre tous les demi-tons qui séparent les tons de la gamme diatonique. Ex :

Do, do ♯, ré, ré ♯, mi, fa, fa ♯, sol, sol ♯, la, la ♯, si, do, et on descendant : *do, si, si ♭ la, la ♭, sol, sol ♭, fa, mi, mi ♭, ré, ré ♭, do.*

On appelle également *demi-ton diatonique* celui dont les deux notes portent un nom différent et qui est celui qui se trouve dans la gamme diatonique; tandis que l'on appelle *demi-ton chromatique* celui dont les deux notes portent le même nom et qui ne se trouve que dans la *gamme chromatique*. (Calquer les tableaux 37, 38, 39, 40.)

LEÇON XII (Tableaux 41 à 48)

La mesure qui se bat à trois temps, et dont chaque temps est représenté par une noire, se compose de trois noires et s'écrit par le chiffre 3 placé sur un 4, ce qui se lit *trois-quatre* et veut dire que cette mesure est composée de trois quarts de ronde; si l'on veut n'employer qu'une seule note pour représenter la mesure entière, on trouve que la blanche est trop petite, puisqu'elle ne vaut que deux noires, et que la ronde est trop grande puisqu'elle vaut quatre noires. On met alors un point après la blanche; ce point sert à augmenter de moitié la valeur de la note après laquelle il est placé; la blanche valant deux noires, le point l'augmente de la moitié, c'est-à-dire d'une noire, et une blanche pointée vaut ainsi trois noires.

Le point augmente de même de moitié toutes les valeurs et l'on trouve ainsi que la ronde pointée vaut trois blanches, la blanche pointée vaut trois noires, etc.

La mesure à trois temps se bat par trois mouvements de la main : le premier en bas, le deuxième à droite et le troisième en haut. (Calquer les tableaux 41 à 48.)

LEÇONS XIII et XIV (Tableaux 49 à 60)

Une autre mesure à trois temps, assez usitée, est celle dont chaque temps est représenté par une simple croche. On désigne cette mesure par les chiffres 3/8 parce qu'elle se compose de trois huitièmes de ronde. La mesure entière en est représentée par une noire pointée valant trois croches. (Calquer les tableaux 49 et 50).

Les mesures à 2, 3 et 4 temps, précédemment étudiées, ont sur chaque temps une valeur simple : blanche, noire ou croche, se décomposant en 2 valeurs plus petites; c'est pourquoi on les appelle mesures *simples* ou à *temps binaires*; par opposition, on donne le nom de mesures *composées* ou à *temps ternaires*, à celles qui ont sur chaque temps une valeur pointée, se décomposant en 3 valeurs plus petites. Les mesures simples sont donc celles dont chaque temps est représenté par une valeur simple, tandis que les mesures composées sont celles dont chaque temps est représenté par une valeur pointée.

On forme les mesures composées d'après les mesures simples en ajoutant un point à la valeur qui représente chaque temps; ainsi, en ajoutant un point à chacune des noires de la mesure à 2/4, on a 2 noires pointées, ou 2 fois 3 croches, c'est-à-dire 6 croches qui forment la mesure à 6/8, ainsi nommée parce qu'elle renferme 6 huitièmes de ronde.

La mesure à 6/8 est donc une mesure composée à 2 temps, dérivant de la mesure à 2/4.

De la même manière se forment la mesure composée à 3 temps qu'on appelle 9/8 et la mesure composée à 4 temps, qu'on appelle 12/8.

On désigne les mesures composées, comme les mesures simples, par 2 chiffres superposés dont le supérieur indique le nombre de notes renfermées dans chaque mesure et l'inférieur, la valeur de ces notes par rapport à la ronde.

Dans les mesures simples le chiffre supérieur est toujours 2, 3 ou 4, tandis que dans les mesures composées c'est un de ces 3 nombres multiplié par 3, c'est-à-dire 6, 9 ou 12. (Calquer les tableaux 51 à 60).

Pour les autres mesures simples et composées, voir les solfèges d'Édouard Batiste et du Conservatoire.

Jne NOURRIT-LEBOUC.

Paris. — Typographie Morris père et fils, rue Amelot, 64.

Mesure à $\frac{2}{4}$. *(deux quatre)* **25me TABLEAU.** *Écrire le nom des notes en Clef de Fa.*

1 2 1 2 1 2 1 2 1 2 1 2

1.

Fa

Do Ré Mi Sol La Si Do

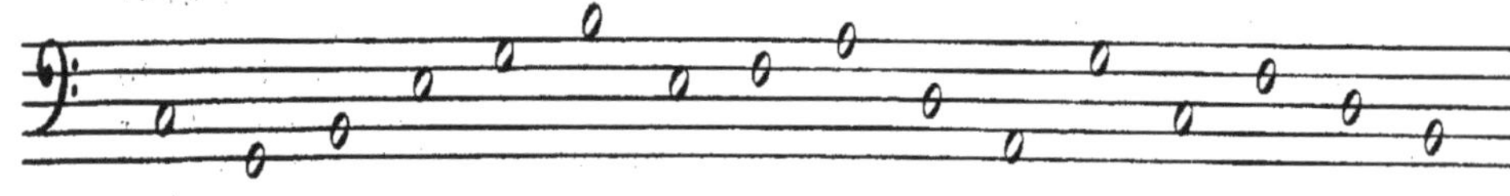

Ecrire le nom des notes en Clef de Fa.

26me. TABLEAU.

Mettre les barres de mesure et les Nos. des temps.

Ecrire le nom des notes en Clef de Fa.

27me. TABLEAU.

Mettre en valeurs.
Les points du 3me. interligne indiquent les silences.

1.

2.
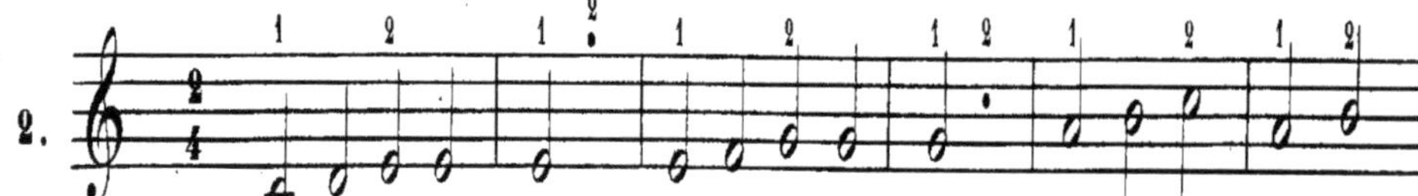

Ecrire le nom des notes en Clef de Fa.

28me TABLEAU.

Mettre en valeurs.
Les points du 3me interligne indiquent les silences.

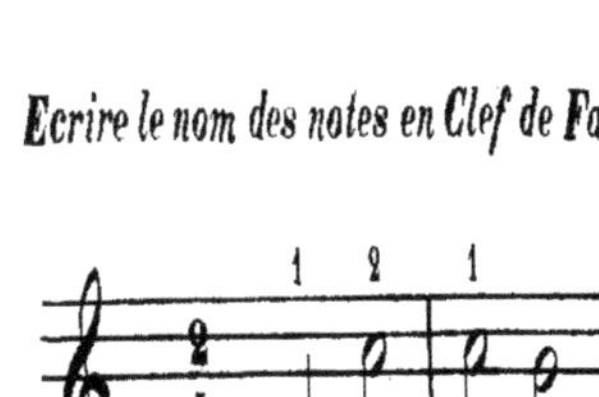

Mesure à quatre temps_Emploi des dièzes et des bécarres.

29me. TABLEAU.

Mettre les barres de mesure et les Nos. des temps.

Mesure à 4 temps._Emploi des dièzes et des becarres.
30me TABLEAU.
Mettre les barres de mesure les Nos des temps.
1.
2.

Mettre des silences à la place des points. **31.me TABLEAU.** Mettre en valeurs.

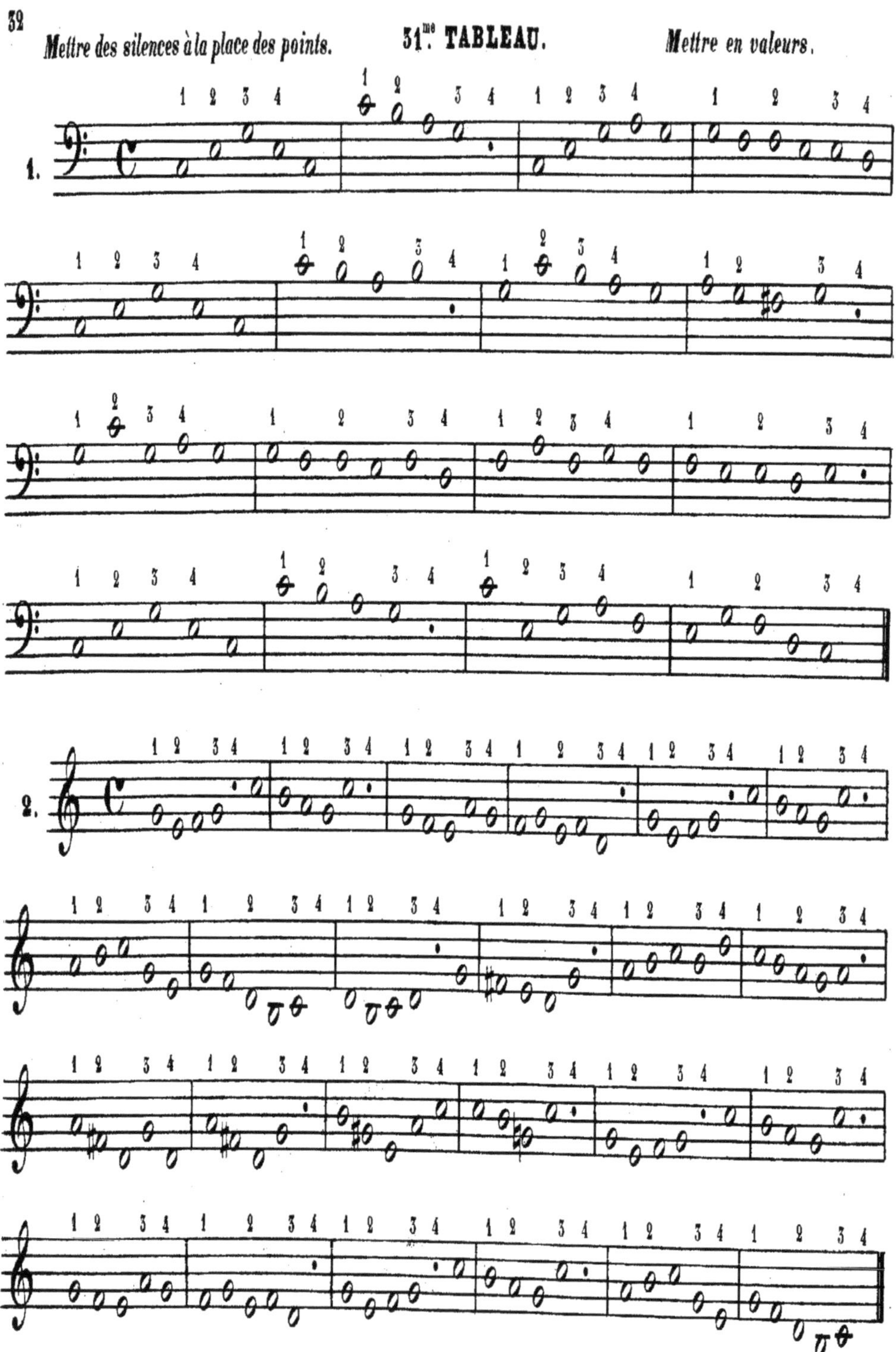

Mettre un silence à la place des points. **32me. TABLEAU.** *Mettre en valeurs.*

1.

2.

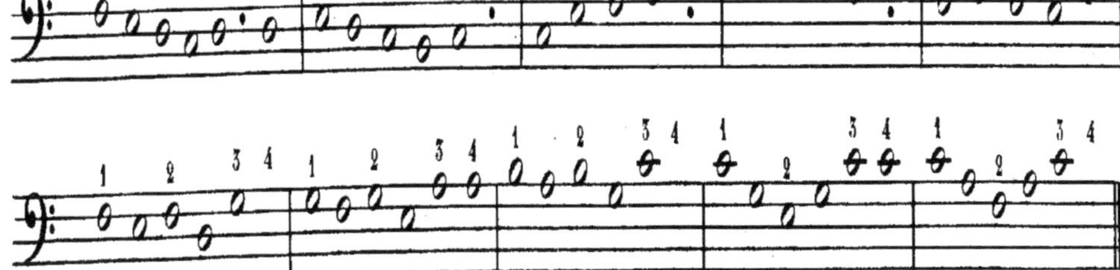

Mesure à 4 temps. — Emploi des bémols.

33me. TABLEAU.

Mettre les barres de mesure et les Nos. des temps.

Mesure à 4 temps. — Emploi des bémols. **34me TABLEAU.** *Mettre les barres de mesure et les Nos des temps.*

1.

Mettre un silence à la place des points **35me TABLEAU.** *Mettre en valeurs.*

Mettre un silence à la place des points. **36me TABLEAU.** *Mettre en valeurs.*

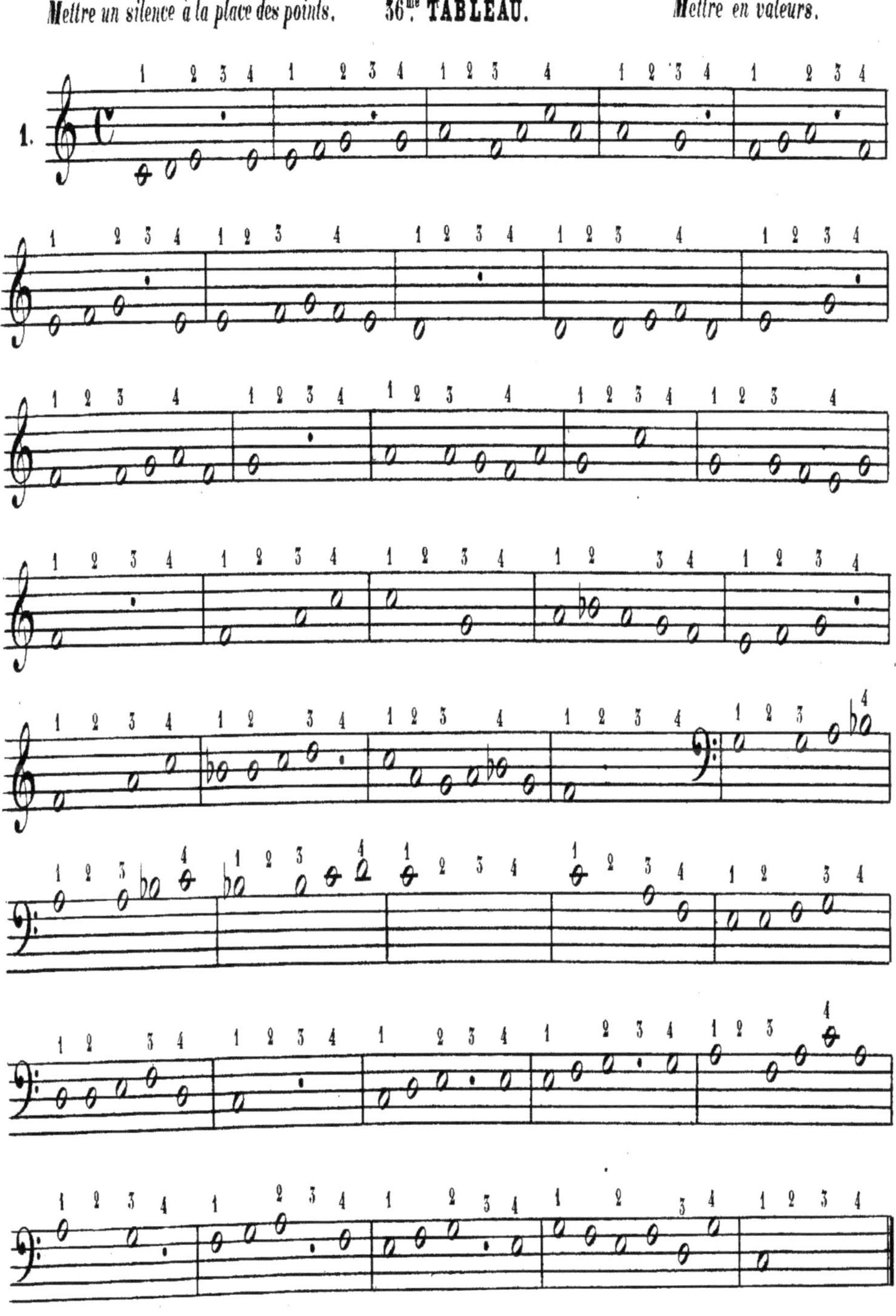

PETIT MANUEL DE MESURE ET D'INTONATION

A L'USAGE DES JEUNES ENFANTS.

60 TABLEAUX-CALQUES DE MME LEBOUC-NOURRIT

Ces tableaux-calques, divisés en cinq cahiers, ont pour but spécial de rompre de bonne heure les enfants à l'exercice si nécessaire de la mesure en les appliquant à la décomposer et à la recomposer eux-mêmes par l'écriture, en même temps qu'ils s'initient aux intonations et aux premiers principes de la musique. L'essai que nous avons fait de ce système a tellement justifié nos espérances que nous publions ce travail avec la confiance qu'il sera goûté par les professeurs et par les mères de famille qui désirent commencer elles-mêmes l'éducation musicale de leurs enfants.

Les élèves devront tracer au crayon sur papier transparent ces *tableaux-calques* qui leur serviront à la fois d'exercices de mesure, de principes et d'écriture musicale et les prépareront ainsi à la dictée musicale; ils devront en même temps mettre les barres de mesures et les valeurs avec le chiffre de chaque temps, ainsi qu'il est indiqué en tête de chaque tableau; puis, ils chanteront ces leçons, qui sont combinées pour les plus jeunes voix, dans l'intervalle d'une octave et par degrés conjoints d'abord; les jeunes élèves qui ne pourraient pas monter au-dessus du *sol*, s'exerceront aux premières leçons en passant de la lettre *a* à la lettre *b*. Il sera toujours bon, après le calque de mesure achevé et corrigé, de faire lire les leçons à l'élève qui nommera les notes, en battant la mesure avant de les chanter. Ces cinq cahiers de *tableaux-calques* forment, avec l'explication théorique qui les précède, un petit Cours abrégé, mais suffisant pour remplir une année et préparer à l'étude du piano ou d'un autre instrument, ainsi qu'à celle du solfége (1). Les enfants peuvent être mis à ce travail, qui les amuse, dès l'âge de 5 à 6 ans.

PRINCIPES ÉLÉMENTAIRES

LEÇON I

Il y a sept noms pour distinguer les sons en musique; ce sont : *Ut* ou *do*, *ré*, *mi*, *fa*, *sol*, *la*, *si*. Chaque son désigné par un de ces noms s'appelle *note*.

Lorsque l'on nomme ces sept notes dans l'ordre régulier ci-dessus, en répétant la première note après la septième, on fait une *gamme*; la *gamme* est donc la succession, dans l'ordre régulier, des sept notes, auxquelles on ajoute la répétition de la première, ce qui fait en tout huit notes.

On peut nommer aussi ces huit notes dans l'ordre inverse, en commençant par la fin, soit : *Ut* ou *do*, *si*, *la*, *sol*, *fa*, *mi*, *ré*, *do*, et l'on obtient ainsi également une gamme; dans la première gamme, les sons s'élèvent successivement; tandis que dans la seconde ils s'abaissent; c'est pourquoi l'on appelle la première, gamme *ascendante*, et la seconde : *descendante*.

On donne encore à la gamme le nom d'échelle musicale, et chacune des notes qui la forme s'appelle un degré; dans la gamme qui commence par *ut* ou *do*, le premier degré est donc *do*; le deuxième, *ré*; le troisième, *mi*; le quatrième, *fa*; le cinquième, *sol*; le sixième, *la*; le septième, *si*; et le huitième, *do*.

On peut former une gamme en commençant par chacune des sept notes, et alors on nomme en finissant les notes qu'on a laissées en commençant, Ex. :

Do, ré, mi, fa, sol, la, si, do; do, si, la, sol, fa, mi, ré, do.
Ré, mi, fa, sol, la, si, do, ré; ré, do, si, la, sol, fa, mi, ré.
Mi, fa, sol, la, si, do, ré, mi; mi, ré, do, si, la, sol, fa, mi.
Fa, sol, la, si, do, ré, mi, fa; fa, mi, ré, do, si, la, sol, fa.
Sol, la, si, do, ré, mi, fa, sol; sol, fa, mi, ré, do, si, la, sol.
La, si, do, ré, mi, fa, sol, la; la, sol, fa, mi, ré, do, si, la.
Si, do, ré, mi, fa, sol, la, si; si, la, sol, fa, mi, ré, do, si.

LEÇON II (Tableaux 1, 2, 3, 4)

Pour écrire les notes, on se sert de cinq lignes, dont la réunion se nomme *portée*. La *portée* est la réunion des cinq lignes qui servent à écrire la musique. On compte ces lignes en commençant par le bas, la première ligne est donc la plus basse et la cinquième la plus haute.

L'espace compris entre les lignes se nomme *interligne*; on écrit les notes sur les lignes et sur les interlignes.

Ces cinq lignes ne suffisent pas pour écrire toutes les notes, et lorsqu'on a besoin d'écrire des notes au-dessus ou au-dessous de la portée, on se sert de petites lignes qu'on appelle *lignes supplémentaires*.

Pour désigner la place de chaque note dans la portée, on a imaginé un signe qu'on appelle *clé* et qui se place au commencement de la portée, sur une des lignes; cette clé porte le nom d'une note et donne son nom à toutes les notes qui sont sur la même ligne qu'elle.

Il y a trois différentes clés en musique : la clé de *sol*, la clé de *fa* et la clé de *do* ou *ut*. La clé de *sol* (qui a la forme indiquée au tableau 1) se place sur la deuxième ligne, c'est-à-dire que la deuxième ligne doit traverser la partie la plus large de cette clé.

Cette clé de *sol* donnant son nom aux notes qui sont sur la même ligne qu'elle, toutes les notes qui seront sur la deuxième ligne seront des *sol*; quand on voudra écrire les notes inférieures au *sol*, c'est-à-dire : *fa*, *mi*, *ré*, *do*, on les placera au-dessous de la deuxième ligne, en descendant graduellement par ligne et par interligne.

Lorsque, au contraire, on voudra écrire les notes supérieures au *sol*, c'est-à-dire : *la*, *si*, *do*, on les placera au-dessus de la deuxième ligne, en montant graduellement par interligne et par ligne.

NOTA. — Apprendre ces principes, calquer les tableaux 1, 2, 3, 4 en apprenant bien le nom et la place des notes; s'exercer à écrire ces notes sous la dictée.

(1) Ces *tableaux-calques* sont une excellente préparation à l'étude des *tableaux de lecture musicale* d'EDOUARD BATISTE, applicables à toutes les méthodes d'enseignement.

LEÇON III (Tableaux 5, 6, 7, 8)

Les sons peuvent durer plus ou moins longtemps, et, pour indiquer ces différentes durées, on donne aux notes des formes différentes qu'on appelle *valeurs*, parce qu'elles indiquent le temps que vaut chaque note.

Il y a sept valeurs différentes :

1° La ronde qui est la plus longue ;
2° La blanche, qui vaut la moitié de la ronde ;
3° La noire, qui vaut la moitié de la blanche ;
4° La croche, qui vaut la moitié de la noire ;
5° La double croche, qui vaut la moitié de la croche ;
6° La triple croche, qui vaut la moitié de la double croche ;
7° La quadruple croche, qui vaut la moitié de la triple croche.

Calquer les tableaux 5, 6, 7, 8. *(Voir la comparaison des valeurs au tableau 5)*

LEÇON IV (Tableaux 9, 10, 11, 12)

Pour donner plus de régularité à la durée relative des sons, on partage le temps que dure une phrase musicale en parties égales qu'on appelle *mesures* et qui son elles-mêmes divisées en parties égales qu'on appelle *temps* ; c'est ainsi qu'on a la mesure à deux temps, c'est-à-dire partagée en deux ; la mesure à trois temps, c'est-à-dire partagée en trois, et la mesure à quatre temps, c'est-à-dire partagée en quatre. Chaque mesure s'indique sur la portée par une petite barre transversale qui la sépare de la mesure suivante et qu'on appelle *barre de séparation* ou *barre de mesure* ; dans la musique écrite, la *mesure* est donc l'espace compris entre deux barres de mesure. Lorsqu'on lit ou chante la musique, on marque les temps de la mesure par des mouvements réguliers de la main ; c'est ce qu'on appelle *battre la mesure*.

Il y a trois différentes mesures, ainsi que nous l'avons dit plus haut : à deux temps, à trois temps, et à quatre temps.

Dans la mesure à deux temps, le premier temps se frappe en bas et le deuxième temps est levé ; on désigne cette mesure en écrivant après la clé un 2 ou un C barré, comme au tableau 9.

La ronde, étant la plus longue des valeurs, est celle qui représente une mesure entière, et l'on bat les deux temps de chaque mesure pendant qu'on lit ou qu'on chante une seule ronde.

Si la ronde dure toute la mesure, c'est-à-dire deux temps, lorsqu'on voudra faire une note qui ne dure qu'un seul temps, on devra employer la blanche, qui vaut la moitié de la ronde.

Enfin, lorsqu'on voudra faire entendre deux notes de même valeur sur chaque temps, il faudra employer la valeur qui est la moitié de la blanche, c'est-à-dire la noire. (Calquer les tableaux 9, 10, 11, 12.)

LEÇON V (Tableaux 13, 14, 15, 16)

Dans une phrase musicale, les sons ne se succèdent pas toujours sans interruption, il peut se trouver des moments où le son est interrompu plus ou moins longtemps, et ces temps d'arrêt sont représentés par des signes appelés *silences* ; les silences, indiquant des repos plus ou moins longs, ont, comme la valeur des notes, des figures différentes qui en indiquent la durée.

Il y a sept silences correspondant à chaque valeur de notes :

1° La pause, qui équivaut à la ronde ;
2° La demi-pause, qui équivaut à la blanche ;
3° Le soupir, qui équivaut à la noire ;
4° Le demi-soupir, qui équivaut à la croche ;
5° Le quart de soupir, qui équivaut à la double croche ;
6° Le huitième de soupir, qui équivaut à la triple croche ;
7° Le seizième de soupir, qui équivaut à la quadruple croche.

Comme pour les valeurs de notes, chaque silence se subdivise en deux silences de moitié moins de valeur. (Calquer les tableaux 13, 14, 15, 16.) *(Voir le tableau 13)*

LEÇON VI (Tableaux 17, 18, 19, 20)

Quand les notes sont employées dans un ordre différent de celui de la gamme, ce qui arrive le plus souvent, il se trouve entre elles des distances plus ou moins grandes ; par exemple, si l'on écrit *do, sol*, il y a entre ces deux notes la place du *ré*, du *mi*, du *fa* ; tandis que si l'on écrit *do, mi*, il n'y a que la place du *ré* entre ces deux notes ; cette distance qui sépare deux notes s'appelle *intervalle* ; les intervalles ont des noms différents qui leur sont donnés d'après le nombre de degrés qu'ils renferment. L'intervalle qui ne renferme que deux degrés s'appelle *seconde* ; celui qui renferme trois degrés, *tierce* ; quatre degrés, *quarte* ; cinq degrés, *quinte* ; six degrés, *sixte* ; sept degrés, *septième* et huit degrés, *octave*.

Il faut remarquer que la distance qui sépare deux degrés voisins n'est pas toujours la même ; ainsi, en examinant sur le piano les degrés de la gamme de *do*, on s'aperçoit qu'ils ne sont pas tous à égale distance les uns des autres, c'est-à-dire que cinq de ces degrés sont séparés du degré suivant par une touche noire qui représente un son intermédiaire, tandis que deux autres degrés joignent immédiatement le degré suivant sans qu'il existe entre eux aucun son ou touche intermédiaire ; par suite, on appelle *ton* l'intervalle compris entre deux notes qui sont séparées par une touche ou un son intermédiaire, et *demi-ton* l'intervalle plus petit compris entre deux notes se joignant immédiatement sans touche ou son intermédiaire. Dans la gamme de *do*, les deux demi-tons sont placés de *mi* à *fa* et de *si* à *do*, c'est-à-dire du troisième au quatrième degré et du septième au huitième degré.

Calquer les tableaux 17, 18, 19, 20.

LEÇON VII (Tableaux 21, 22, 23, 24)

Lorsqu'on fait entendre en même temps certains intervalles au-dessus de la même note basse, on forme des *accords* ; un *accord* est donc la réunion de certains intervalles ayant la même note pour basse.

Nous ne nous occuperons ici que d'un seul accord qui s'appelle *accord parfait*.

L'*accord parfait* est formé par la *réunion* d'une *tierce* qu'on appelle *majeure* (composée de deux tons), et d'une *quinte* qu'on appelle *juste* (composée de trois tons et d'un demi-ton), ayant toutes deux pour note inférieure, ou *basse*, la même note ; on y ajoute souvent l'octave supérieure : *Do, mi, sol, do*. On peut former un accord parfait sur tous les degrés de la gamme. (Calquer les tableaux 21, 22, 23, 24.)

Faire nommer et chanter les notes des accords parfaits sur tous les degrés.

LEÇON VIII (Tableaux 25, 26, 27, 28)

Nous avons dit qu'il y a trois clés pour écrire la musique; celle qui est la plus usitée après la clé de *sol* est la clé de *fa*, sur la quatrième ligne, qui sert pour la main gauche du piano; on l'écrit comme au tableau 25, et on la place sur la quatrième ligne, c'est-à-dire que la quatrième ligne doit traverser la boucle et les deux points; toutes les notes écrites sur la quatrième ligne sont donc des *fa*, et l'on écrit la gamme comme au tableau 25, en plaçant graduellement les notes au-dessus et au-dessous du *fa* dans leur ordre naturel.

Nous allons étudier une mesure qui se bat aussi à deux temps, mais qui est formée de valeurs moitié plus petites que la mesure qu'on appelle *grande mesure* à deux temps, pour indiquer qu'elle est formée de valeurs plus longues que celle dont nous nous occupons aujourd'hui. Celle-ci n'a sur chaque temps qu'une noire ou deux croches, et la mesure entière ne renferme donc que deux noires ou une blanche. On indique cette mesure par le chiffre 2 posé au-dessus du chiffre 4, ce qui se lit *deux-quatre*, et veut dire deux quarts de ronde; en effet, chaque temps de cette mesure étant formé d'une noire qui est un quart de ronde, la mesure entière renferme bien deux noires ou deux quarts de ronde. (Calquer les tableaux 25, 26, 27, 28.)

LEÇON IX (Tableaux 29, 30, 31, 32)

Le *dièse* est un signe qui hausse d'un demi-ton la note devant laquelle il est placé, et qui s'écrit ainsi : ♯

Nous avons déjà parlé de la mesure à quatre temps; nous allons étudier sa composition. Elle est représentée par une ronde et chacun des quatre temps vaut le quart de la ronde, c'est-à-dire une noire ou deux croches.

Elle se bat par quatre mouvements de la main : le premier en bas, le deuxième à gauche, le troisième à droite et le quatrième en haut. (Calquer les tableaux 29, 30, 31, 32.)

LEÇON X (Tableaux 33, 34, 35, 36)

Le *bémol* est un signe qui sert à baisser d'un demi-ton la note devant laquelle il est placé, et qui s'écrit ainsi : ♭

Le dièse placé devant une note produit son effet sur toutes les notes semblables placées dans la même mesure, sans qu'il soit nécessaire de l'écrire de nouveau; lorsqu'on veut détruire l'effet du dièse et replacer dans son intonation naturelle la note diésée, on emploie un signe qu'on appelle *bécarre* et qui se place devant la note qu'on veut remettre dans son intonation naturelle.

Ainsi que le dièse, le bémol produit son effet pendant toute la durée de la mesure dans laquelle il est placé; pour le détruire on emploie aussi le bécarre.

Calquer les tableaux 33, 34, 35, 36

LEÇON XI (Tableaux 37, 38, 39, 40)

On donne le nom de *gamme diatonique* à la gamme qui procède par tons et demi-tons, comme la gamme de *do*, et l'on appelle *gamme chromatique* celle qui ne procède que par demi-tons et qu'on forme en faisant entendre tous les demi-tons qui séparent les tons de la gamme diatonique. Ex :

Do, do ♯, ré, ré ♯, mi, fa, fa ♯, sol, sol ♯, la, la ♯, si, do, et en descendant : *do, si, si ♭ la, la ♭, sol, sol ♭, fa, mi, mi ♭, ré, ré ♭, do.*

On appelle également *demi-ton diatonique* celui dont les deux notes portent un nom différent et qui est celui qui se trouve dans la gamme diatonique; tandis que l'on appelle *demi-ton chromatique* celui dont les deux notes portent le même nom et qui ne se trouve que dans la *gamme chromatique*. (Calquer les tableaux 37, 38, 39, 40)

LEÇON XII (Tableaux 41 à 48)

La mesure qui se bat à trois temps, et dont chaque temps est représenté par une noire, se compose de trois noires et s'écrit par le chiffre 3 placé sur un 4, ce qui se lit *trois-quatre* et veut dire que cette mesure est composée de trois quarts de ronde; si l'on veut n'employer qu'une seule note pour représenter la mesure entière, on trouve que la blanche est trop petite, puisqu'elle ne vaut que deux noires, et que la ronde est trop grande puisqu'elle vaut quatre noires. On met alors un point après la blanche; ce point sert à augmenter de moitié la valeur de la note après laquelle il est placé; la blanche valant deux noires, le point l'augmente de la moitié, c'est-à-dire d'une noire, et une blanche pointée vaut ainsi trois noires.

Le point augmente de même de moitié toutes les valeurs et l'on trouve ainsi que la ronde pointée vaut trois blanches, la blanche pointée vaut trois noires, etc.

La mesure à trois temps se bat par trois mouvements de la main : le premier en bas, le deuxième à droite et le troisième en haut. (Calquer les tableaux 41 à 48.)

LEÇONS XIII et XIV (Tableaux 49 à 60)

Une autre mesure à trois temps, assez usitée, est celle dont chaque temps est représenté par une simple croche. On désigne cette mesure par les chiffres 3/8 parce qu'elle se compose de trois huitièmes de ronde. La mesure entière en est représentée par une noire pointée valant trois croches. (Calquer les tableaux 49 et 50).

Les mesures à 2, 3 et 4 temps, précédemment étudiées, ont sur chaque temps une valeur simple : blanche, noire ou croche, se décomposant en 2 valeurs plus petites; c'est pourquoi on les appelle mesures *simples* ou à *temps binaires*; par opposition, on donne le nom de mesures *composées* ou à *temps ternaires*, à celles qui ont sur chaque temps une valeur pointée, se décomposant en 3 valeurs plus petites. Les mesures simples sont donc celles dont chaque temps est représenté par une valeur simple, tandis que les mesures composées sont celles dont chaque temps est représenté par une valeur pointée.

On forme les mesures composées d'après les mesures simples en ajoutant un point à la valeur qui représente chaque temps; ainsi, en ajoutant un point à chacune des noires de la mesure à 2/4, on a 2 noires pointées, ou 2 fois 3 croches, c'est-à-dire 6 croches qui forment la mesure à 6/8, ainsi nommée parce qu'elle renferme 6 huitièmes de ronde.

La mesure à 6/8 est donc une mesure composée à 2 temps, dérivant de la mesure à 2/4.

De la même manière se forment la mesure composée à 3 temps qu'on appelle 9/8 et la mesure composée à 4 temps, qu'on appelle 12/8.

On désigne les mesures composées, comme les mesures simples, par 2 chiffres superposés dont le supérieur indique le nombre de notes renfermées dans chaque mesure et l'inférieur, la valeur de ces notes par rapport à la ronde.

Dans les mesures simples le chiffre supérieur est toujours 2, 3 ou 4, tandis que dans les mesures composées c'est un de ces 3 nombres multiplié par 3, c'est-à-dire 6, 9 ou 12. (Calquer les tableaux 51 à 60).

Pour les autres mesures simples et composées, voir les solfèges d'Édouard Batiste et du Conservatoire.

J^tte NOURRIT-LEBOUC.

Paris. — Typographie Morris père et fils, rue Amelot, 64.

Mesure à 4 temps et à $\frac{2}{4}$.

37me. TABLEAU.

Mettre les barres de mesure et les Nos. des temps.

Mettre la lettre C ou D sous les demi-tons chromatiques ou diatoniques marqués par des tirets au No. 1.

1.

2.

Mesure à 4 temps et à $\frac{2}{4}$.

38me TABLEAU.

Mettre les barres de mesure et les Nos des temps.

Mettre la lettre C ou D sous les demi-tons chromatiques ou diatoniques marqués par des tirets au No 1.

Mettre en valeurs. 39me TABLEAU. *Mettre un silence à la place de chaque point.*

Marquez d'un tiret les demi-tons diatoniques du N° 1, et les demi-tons chromatiques du N° 2.

Mettre en valeurs. **40me. TABLEAU.** *Mettre un silence à la place de chaque point.*

Marquez d'un tiret les demi-tons diatoniques du N°. 1, et les demi-tons chromatiques du N°. 2.

Mesure à 3 temps. Point.

41me. TABLEAU.

Mettre les barres de mesure et les N[os]. des temps.

Mesure à 3 temps. Point.

42me. TABLEAU.

Mettre les barres de mesure et les Nos. des temps.

Mettre en valeurs et mettre les points nécessaires à la prolongation des notes.

43me. TABLEAU.

Mettre un silence à la place des points du 3me. interligne.

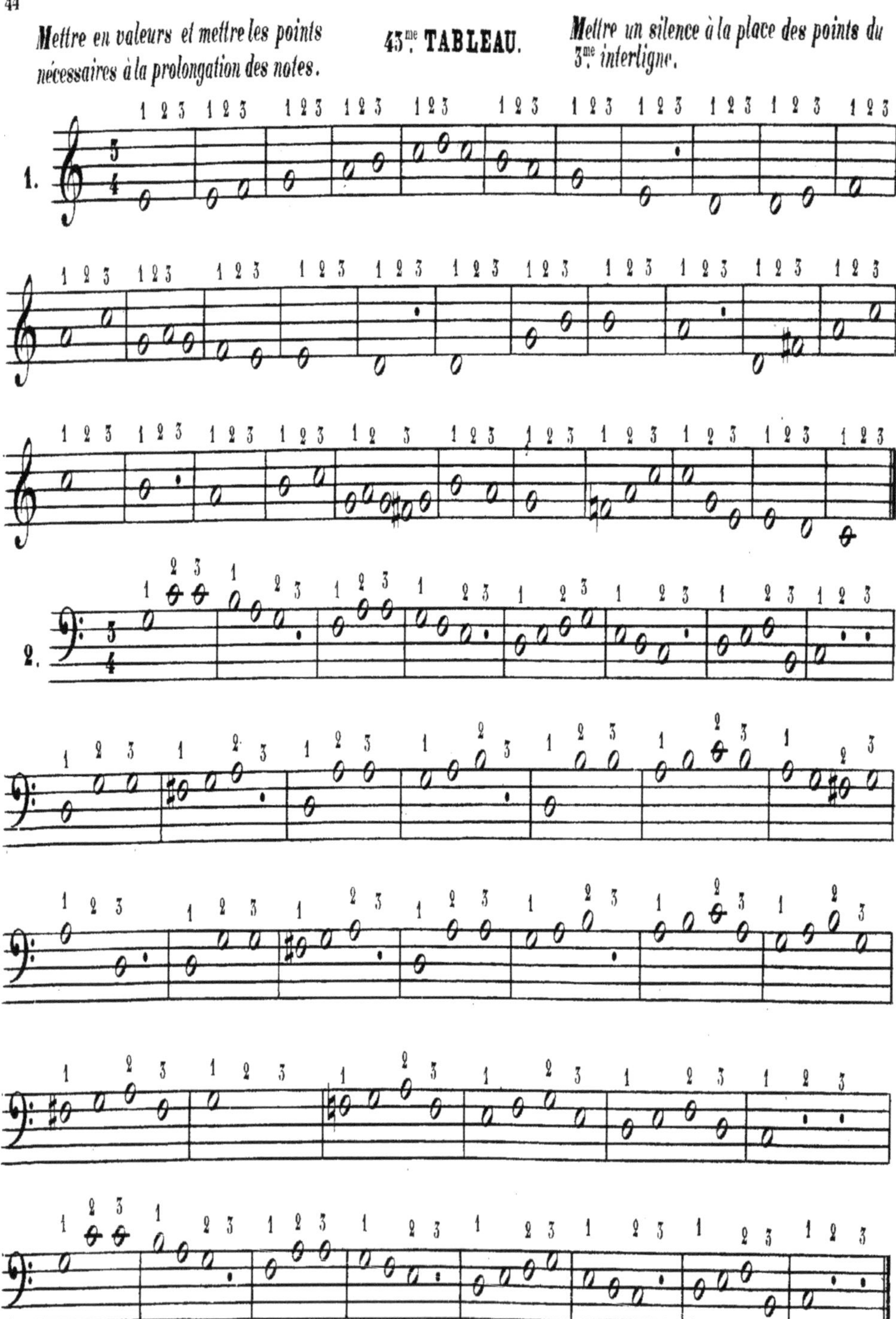

Mettre en valeurs et mettre les points nécessaires à la prolongation des notes.

44me. TABLEAU.

Les points du 3me. interligne indiquent les silences.

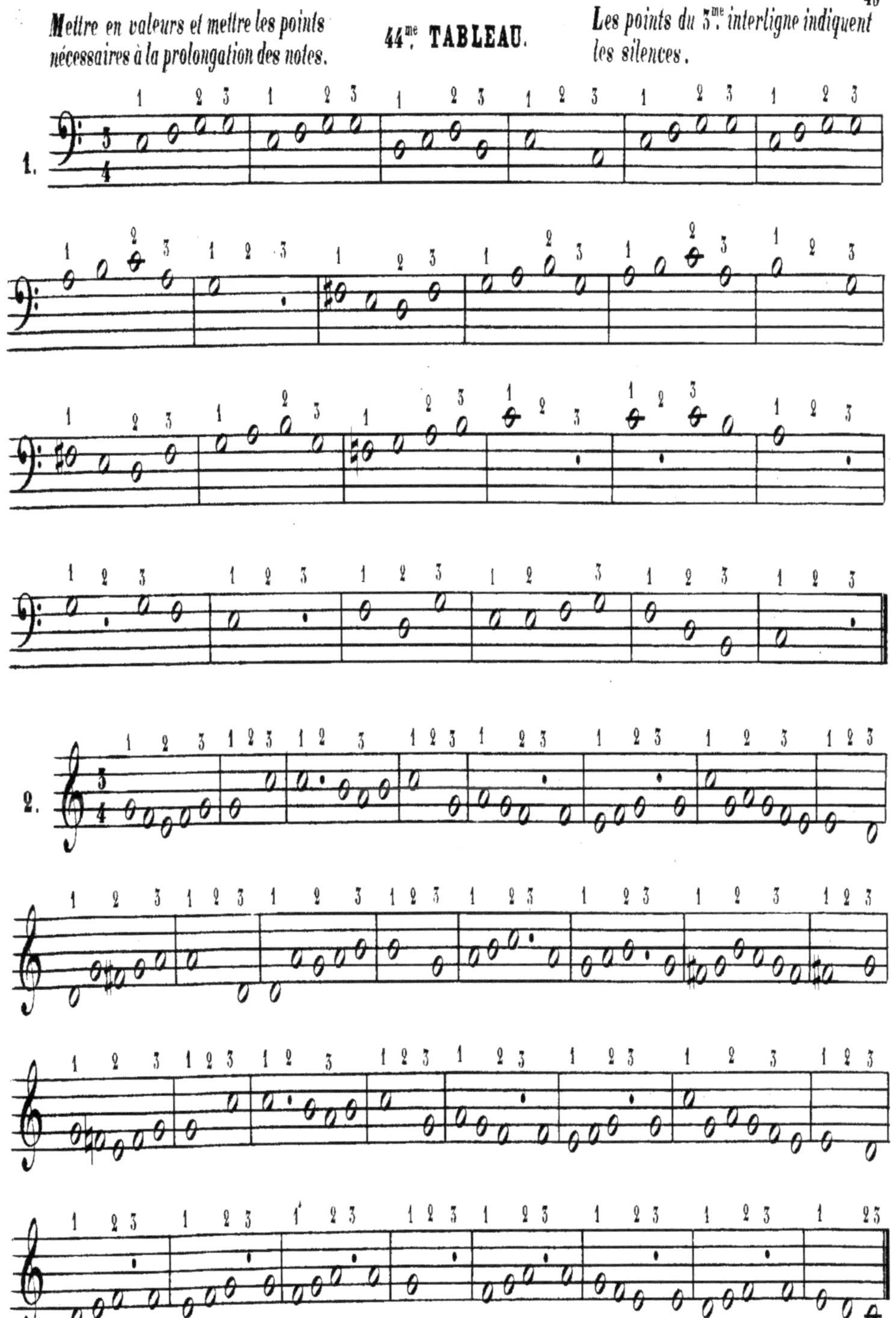

Changements de mesures. 45me. TABLEAU. Mettre les barres de mesure et les N^os. des temps.

Changements de mesures.

46me. TABLEAU.

Mettre les barres de mesure et les Nos. des temps.

1.

Mettre les silences.

47me TABLEAU.

Mettre en valeurs.

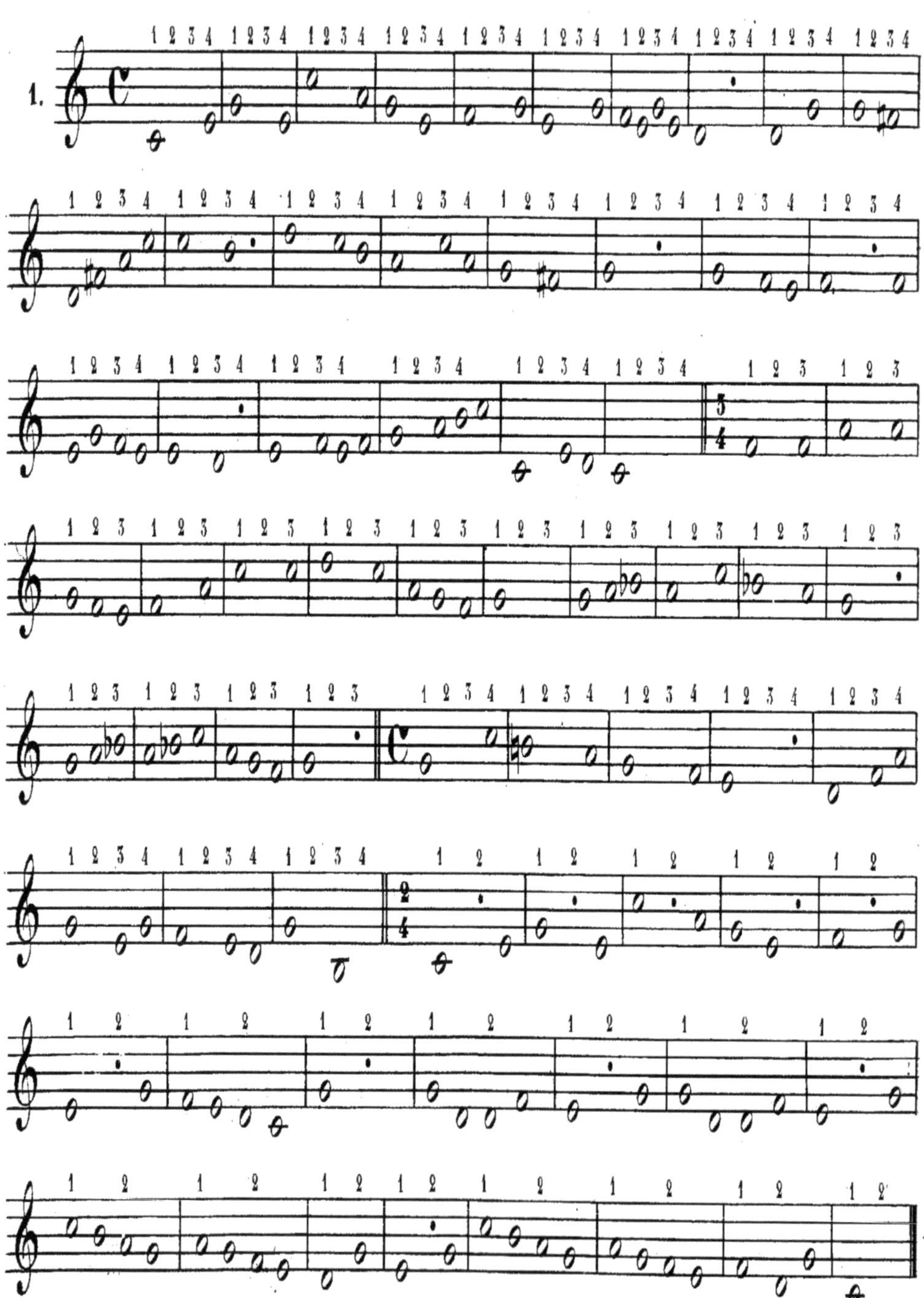

Mettre les silences.

48me. TABLEAU.

Mettre en valeurs.

1.

PETIT MANUEL DE MESURE ET D'INTONATION

À L'USAGE DES JEUNES ENFANTS.

60 TABLEAUX-CALQUES DE MME LEBOUC-NOURRIT

Ces *tableaux-calques*, divisés en cinq cahiers, ont pour but spécial de rompre de bonne heure les enfants à l'exercice si nécessaire de la mesure en les appliquant à la décomposer et à la recomposer eux-mêmes par l'écriture, en même temps qu'ils s'initient aux intonations et aux premiers principes de la musique. L'essai que nous avons fait de ce système a tellement justifié nos espérances que nous publions ce travail avec la confiance qu'il sera goûté par les professeurs et par les mères de famille qui désirent commencer elles-mêmes l'éducation musicale de leurs enfants.

Les élèves devront tracer au crayon sur papier transparent ces *tableaux-calques* qui leur serviront à la fois d'exercices de mesure, de principes et d'écriture musicale et les prépareront ainsi à la dictée musicale; ils devront en même temps mettre les barres de mesures et les valeurs avec le chiffre de chaque temps, ainsi qu'il est indiqué en tête de chaque tableau; puis, ils chanteront ces leçons, qui sont combinées pour les plus jeunes voix, dans l'intervalle d'une octave et par degrés conjoints d'abord; les jeunes élèves qui ne pourraient pas monter au-dessus du *sol*, s'exerceront aux premières leçons en passant de la lettre *a* à la lettre *b*. Il sera toujours bon, après le calque de mesure achevé et corrigé, de faire lire les leçons à l'élève qui nommera les notes en battant la mesure avant de les chanter. Ces cinq cahiers de *tableaux-calques* forment, avec l'explication théorique qui les précède, un petit Cours abrégé, mais suffisant pour remplir une année et préparer à l'étude du piano ou d'un autre instrument, ainsi qu'à celle du solfège (1). Les enfants peuvent être mis à ce travail, qui les amuse, dès l'âge de 5 à 6 ans.

PRINCIPES ÉLÉMENTAIRES

LEÇON I

Il y a sept noms pour distinguer les sons en musique; ce sont : *Ut* ou *do*, *ré*, *mi*, *fa*, *sol*, *la*, *si*. Chaque son désigné par un de ces noms s'appelle *note*.

Lorsque l'on nomme ces sept notes dans l'ordre régulier ci-dessus, en répétant la première note après la septième, on fait une *gamme*; la *gamme* est donc la succession, dans l'ordre régulier, des sept notes, auxquelles on ajoute la répétition de la première, ce qui fait en tout huit notes.

On peut nommer aussi ces huit notes dans l'ordre inverse, en commençant par la fin, soit : *Ut* ou *do*, *si*, *la*, *sol*, *fa*, *mi*, *ré*, *do*, et l'on obtient ainsi également une gamme; dans la première gamme, les sons s'élèvent successivement, tandis que dans la seconde ils s'abaissent; c'est pourquoi l'on appelle la première, gamme *ascendante*, et la seconde : *descendante*.

On donne encore à la gamme le nom d'échelle musicale, et chacune des notes qui la forme s'appelle un degré; dans la gamme qui commence par *ut* ou *do*, le premier degré est donc *do*; le deuxième, *ré*; le troisième, *mi*; le quatrième, *fa*; le cinquième, *sol*; le sixième, *la*; le septième, *si*; et le huitième, *do*.

On peut former une gamme en commençant par chacune des sept notes, et alors on nomme en finissant les notes qu'on a laissées en commençant. Ex. :

Do, ré, mi, fa, sol, la, si, do; do, si, la, sol, fa, mi, ré, do.
Ré, mi, fa, sol, la, si, do, ré; ré, do, si, la, sol, fa, mi, ré.
Mi, fa, sol, la, si, do, ré, mi; mi, ré, do, si, la, sol, fa, mi.
Fa, sol, la, si, do, ré, mi, fa; fa, mi, ré, do, si, la, sol, fa.
Sol, la, si, do, ré, mi, fa, sol; sol, fa, mi, ré, do, si, la, sol.
La, si, do, ré, mi, fa, sol, la; la, sol, fa, mi, ré, do, si, la.
Si, do, ré, mi, fa, sol, la, si; si, la, sol, fa, mi, ré, do, si.

LEÇON II (Tableaux 1, 2, 3, 4)

Pour écrire les notes, on se sert de cinq lignes, dont la réunion se nomme *portée*. La *portée* est la réunion des cinq lignes qui servent à écrire la musique. On compte ces lignes en commençant par le bas, la première ligne est donc la plus basse et la cinquième la plus haute.

L'espace compris entre les lignes se nomme *interligne*; on écrit les notes sur les lignes et sur les interlignes.

Ces cinq lignes ne suffisent pas pour écrire toutes les notes, et lorsqu'on a besoin d'écrire des notes au-dessus ou au-dessous de la portée, on se sert de petites lignes qu'on appelle *lignes supplémentaires*.

Pour désigner la place de chaque note dans la portée, on a imaginé un signe qu'on appelle *clé* et qui se place au commencement de la portée, sur une des lignes; cette clé porte le nom d'une note et donne son nom à toutes les notes qui sont sur la même ligne qu'elle.

Il y a trois différentes clés en musique : la clé de *sol*, la clé de *fa* et la clé de *do* ou *ut*. La clé de *sol* (qui a la forme indiquée au tableau 1) se place sur la deuxième ligne, c'est-à-dire que la deuxième ligne doit traverser la partie la plus large de cette clé.

Cette clé de *sol* donnant son nom aux notes qui sont sur la même ligne qu'elle, toutes les notes qui seront sur la deuxième ligne seront des *sol*; quand on voudra écrire les notes inférieures au *sol*, c'est-à-dire : *fa*, *mi*, *ré*, *do*, on les placera au-dessous de la deuxième ligne, en descendant graduellement par ligne et par interligne.

Lorsque, au contraire, on voudra écrire les notes supérieures au *sol*, c'est-à-dire : *la*, *si*, *do*, on les placera au-dessus de la deuxième ligne, en montant graduellement par interligne et par ligne.

NOTA. — Apprendre ces principes, calquer les tableaux 1, 2, 3, 4 en apprenant bien le nom et la place des notes; s'exercer à écrire ces notes sous la dictée.

(1) Ces *tableaux-calques* sont une excellente préparation à l'étude des *tableaux de lecture musicale* d'EDOUARD BATISTE, applicables à toutes les méthodes d'enseignement.

LEÇON III (Tableaux 5, 6, 7, 8)

Les sons peuvent durer plus ou moins longtemps, et, pour indiquer ces différentes durées, on donne aux notes des formes différentes qu'on appelle *valeurs*, parce qu'elles indiquent le temps que vaut chaque note.

Il y a sept valeurs différentes :

1° La ronde qui est la plus longue;

2° La blanche, qui vaut la moitié de la ronde;

3° La noire, qui vaut la moitié de la blanche;

4° La croche, qui vaut la moitié de la noire;

5° La double croche, qui vaut la moitié de la croche,

6° La triple croche, qui vaut la moitié de la double croche;

7° La quadruple croche, qui vaut la moitié de la triple croche.

Calquer les tableaux 5, 6, 7, 8. *(Voir la comparaison des valeurs au tableau 5)*

LEÇON IV (Tableaux 9, 10, 11, 12)

Pour donner plus de régularité à la durée relative des sons, on partage le temps que dure une phrase musicale en parties égales qu'on appelle *mesures* et qui sont elles-mêmes divisées en parties égales qu'on appelle *temps*; c'est ainsi qu'on a la mesure à deux temps, c'est-à-dire partagée en deux; la mesure à trois temps, c'est-à-dire partagée en trois, et la mesure à quatre temps, c'est-à-dire partagée en quatre. Chaque mesure s'indique sur la portée par une petite barre transversale qui la sépare de la mesure suivante et qu'on appelle *barre de séparation* ou *barre de mesure*; dans la musique écrite, la *mesure* est donc l'espace compris entre deux barres de mesure. Lorsqu'on lit ou chante la musique, on marque les temps de la mesure par des mouvements réguliers de la main; c'est ce qu'on appelle *battre la mesure*.

Il y a trois différentes mesures, ainsi que nous l'avons dit plus haut: à deux temps, à trois temps, et à quatre temps.

Dans la mesure à deux temps, le premier temps se frappe en bas et le deuxième temps est levé; on désigne cette mesure en écrivant après la clé un 2 ou un C barré, comme au tableau 9.

La ronde, étant la plus longue des valeurs, est celle qui représente une mesure entière, et l'on bat les deux temps de chaque mesure pendant qu'on lit ou qu'on chante une seule ronde.

Si la ronde dure toute la mesure, c'est à-dire deux temps, lorsqu'on voudra faire une note qui ne dure qu'un seul temps, on devra employer la blanche, qui vaut la moitié de la ronde.

Enfin, lorsqu'on voudra faire entendre deux notes de même valeur sur chaque temps, il faudra employer la valeur qui est la moitié de la blanche, c'est-à-dire la noire. (Calquer les tableaux 9, 10, 11, 12.)

LEÇON V (Tableaux 13, 14, 15, 16)

Dans une phrase musicale, les sons ne se succèdent pas toujours sans interruption, il peut se trouver des moments où le son est interrompu plus ou moins longtemps, et ces temps d'arrêt sont représentés par des signes appelés *silences*; les silences, indiquant des repos plus ou moins longs, ont, comme la valeur des notes, des figures différentes qui en indiquent la durée.

Il y a sept silences correspondant à chaque valeur de notes :

1° La pause, qui équivaut à la ronde;

2° La demi-pause, qui équivaut à la blanche;

3° Le soupir, qui équivaut à la noire;

4° Le demi-soupir, qui équivaut à la croche;

5° Le quart de soupir, qui équivaut à la double croche;

6° Le huitième de soupir, qui équivaut à la triple croche;

7° Le seizième de soupir, qui équivaut à la quadruple croche.

Comme pour les valeurs de notes, chaque silence se subdivise en deux silences de moitié moins de valeur. (Calquer les tableaux 13, 14, 15, 16.) *(Voir le tableau 13)*

LEÇON VI (Tableaux 17, 18, 19, 20)

Quand les notes sont employées dans un ordre différent de celui de la gamme, ce qui arrive le plus souvent, il se trouve entre elles des distances plus ou moins grandes; par exemple, si l'on écrit *do, sol*, il y a entre ces deux notes la place du *ré*, du *mi*, du *fa*; tandis que si l'on écrit *do, mi*, il n'y a que la place du *ré* entre ces deux notes; cette distance qui sépare deux notes s'appelle *intervalle*; les intervalles ont des noms différents qui leur sont donnés d'après le nombre de degrés qu'ils renferment. L'intervalle qui ne renferme que deux degrés s'appelle *seconde*; celui qui renferme trois degrés, *tierce*; quatre degrés, *quarte*; cinq degrés, *quinte*; six degrés, *sixte*; sept degrés, *septième* et huit degrés, *octave*.

Il faut remarquer que la distance qui sépare deux degrés voisins n'est pas toujours la même; ainsi, en examinant sur le piano les degrés de la gamme de *do*, on s'aperçoit qu'ils ne sont pas tous à égale distance les uns des autres, c'est-à-dire que cinq de ces degrés sont séparés du degré suivant par une touche noire qui représente un son intermédiaire, tandis que deux autres degrés joignent immédiatement le degré suivant sans qu'il existe entre eux aucun son ou touche intermédiaire; par suite, on appelle *ton* l'intervalle compris entre deux notes qui sont séparées par une touche ou un son intermédiaire, et *demi-ton* l'intervalle plus petit compris entre deux notes se joignant immédiatement sans touche ou son intermédiaire. Dans la gamme de *do*, les deux demi-tons sont placés de *mi* à *fa* et de *si* à *do*, c'est-à-dire du troisième au quatrième degré et du septième au huitième degré.

Calquer les tableaux 17, 18, 19, 20.

LEÇON VII (Tableaux 21, 22, 23, 24)

Lorsqu'on fait entendre en même temps certains intervalles au-dessus de la même note basse, on forme des *accords*; un *accord* est donc la réunion de certains intervalles ayant la même note pour basse

Nous ne nous occuperons ici que d'un seul accord qui s'appelle *accord parfait*.

L'*accord parfait* est formé par la *réunion* d'une *tierce* qu'on appelle *majeure* (composée de deux tons), et d'une *quinte* qu'on appelle *juste* (composée de trois tons et d'un demi-ton), ayant toutes deux pour note inférieure, ou *basse*, la même note; on y ajoute souvent l'octave supérieure : *Do, mi, sol, do*. On peut former un accord parfait sur tous les degrés de la gamme. (Calquer les tableaux 21, 22, 23, 24.)

Faire nommer et chanter les notes des accords parfaits sur tous les degrés.

Mettre les barres de mesure et les N.os des temps. Voir les leçons 13 et 14.
Mesure à Trois-huit.

49.me TABLEAU.

On appelle triolet un groupe de 3 notes que l'on doit exécuter pendant le temps employé pour 2 notes de la même valeur.

Mettre en valeurs tous les exercices.

Mesure à Trois-huit.

50me. TABLEAU.

On peut commencer une phrase musicale sur n'importe quel temps de la mesure. (Voir le N° 1 qui commence par le 3me.)

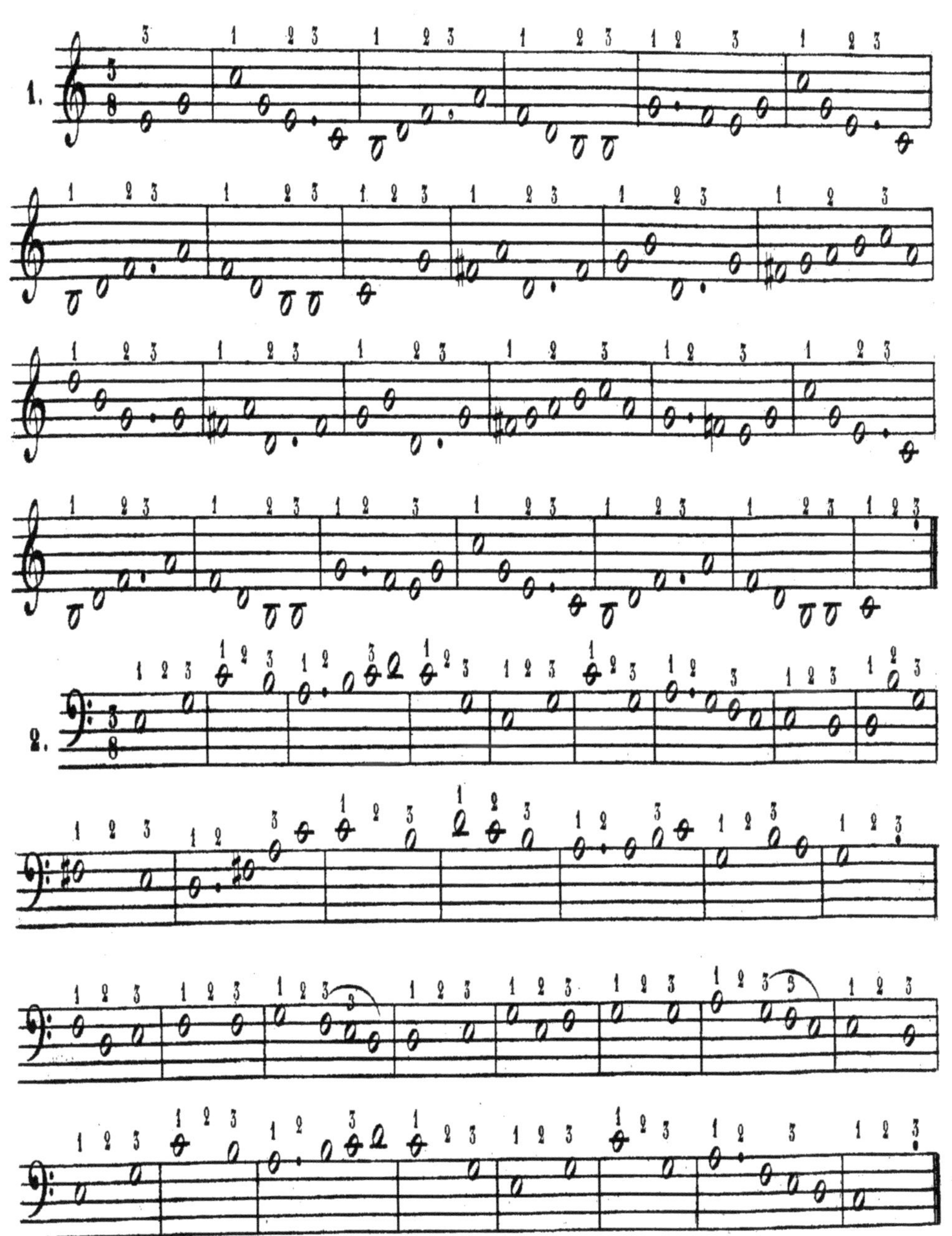

51.me TABLEAU.

Mettre les barres de mesure, indiquer les N.os des temps au dessus de la note qui commence chacun des deux temps.

Mesure à $\frac{6}{8}$ (voir la leçon 11) Ecrire les chiffres 1, 2, 3, au dessous des notes ou des silences qui représentent une croche.

Mettre en valeurs.

52me. TABLEAU.

Mesure à Six-huit.

1.

2.

3.

4.

Mettre les barres de mesure et les N°. des temps et des croches.

53me. TABLEAU.

On appelle notes prolongées deux notes de même nom et de même intonation, réunies par une liaison et dont on ne répète pas la seconde; il faut seulement prolonger le son pendant la durée de cette seconde note.

Exemple de notes prolongées. (Solfège Rodolphe)

Mettre en valeurs.
Mesure à Six-huit.

54me TABLEAU.

Le signe 𝄋 nommé renvoi indique qu'il faut revenir du second au premier de ces signes et répéter le passage jusqu'au mot Fin.

Mettre les barres de mesure et les N.os des temps et des 3 croches de chaque temps.

55.me TABLEAU.

En ajoutant un point à chacune des 3 noires de la mesure à $\frac{3}{4}$, on a 3 noires pointée ou 3 fois 3 croches, c'est-à-dire 9 croches qui forment la mesure composée à $\frac{9}{8}$ (9 huitièmes de ronde.) Elle se bat à 3 temps, avec 3 croches par temps.

Mettre les valeurs et les silences. Indiquer les temps forts, les temps faibles ainsi que les parties fortes et faibles des temps avec les signes ∧ et –

56me. TABLEAU.

Les temps de chaque mesure se divisent en temps forts et en temps faibles; les temps impairs sont forts et les temps pairs, faibles, excepté dans la mesure à 3 temps où le 3e. temps est également faible. Il en est de même pour les parties des temps.

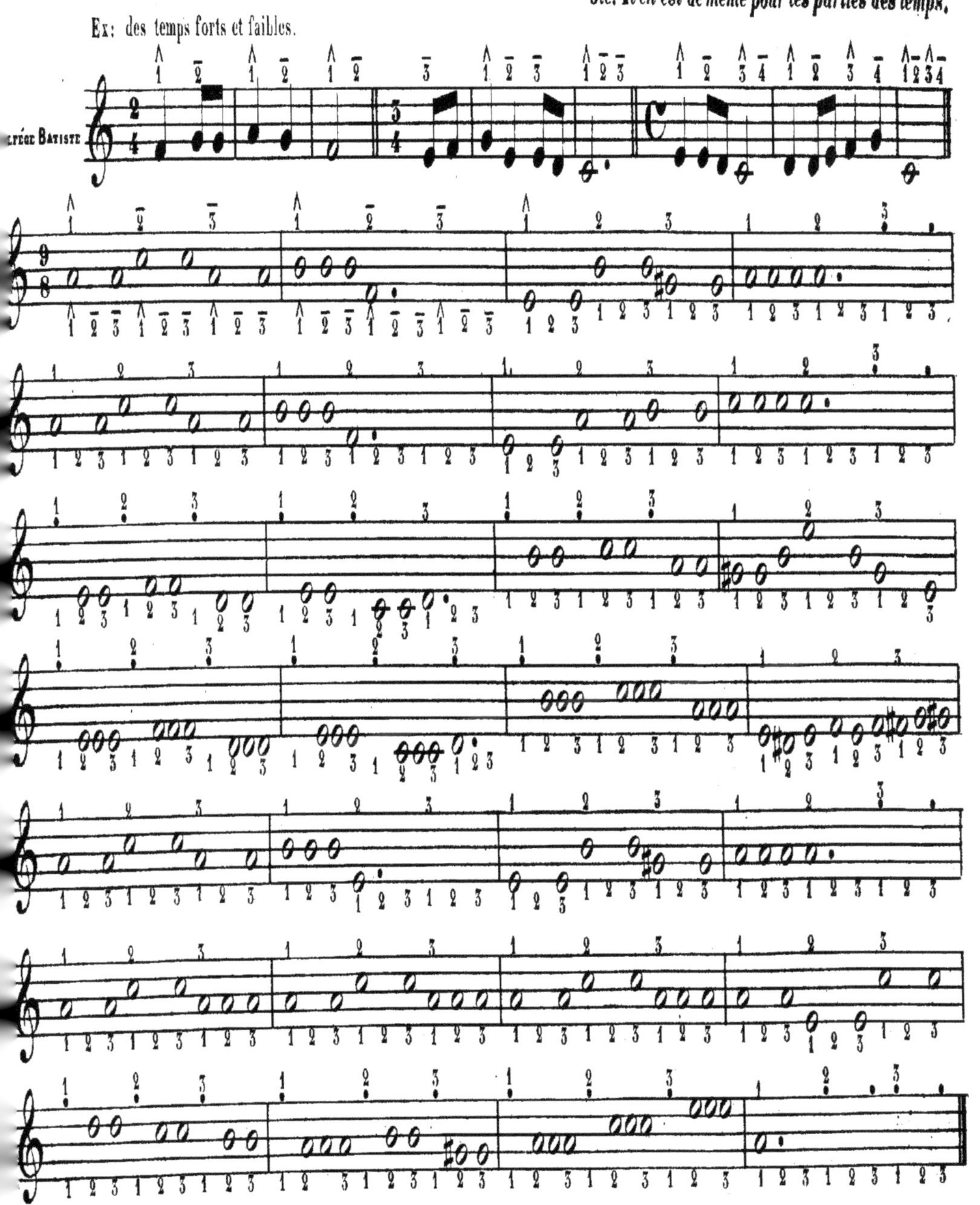

Mettre les barres de mesure et les numéros des temps et des croches. Marquer les temps forts et les temps faibles du N°. 1 ainsi que les parties fortes et les parties faibles du N°. 2.

57me. TABLEAU.

*On appelle **syncope** une note attaquée sur un temps faible et prolongée sur le temps fort suivant, ou attaquée sur la partie faible d'un temps et prolongée sur la partie forte du temps suivant.*

Mettre les valeurs et les silences. Ecrire un s au dessus des notes formant syncopes.

58me TABLEAU.

Indiquer les parties fortes et les parties faibles de chaque temps par les signes ∧ et —

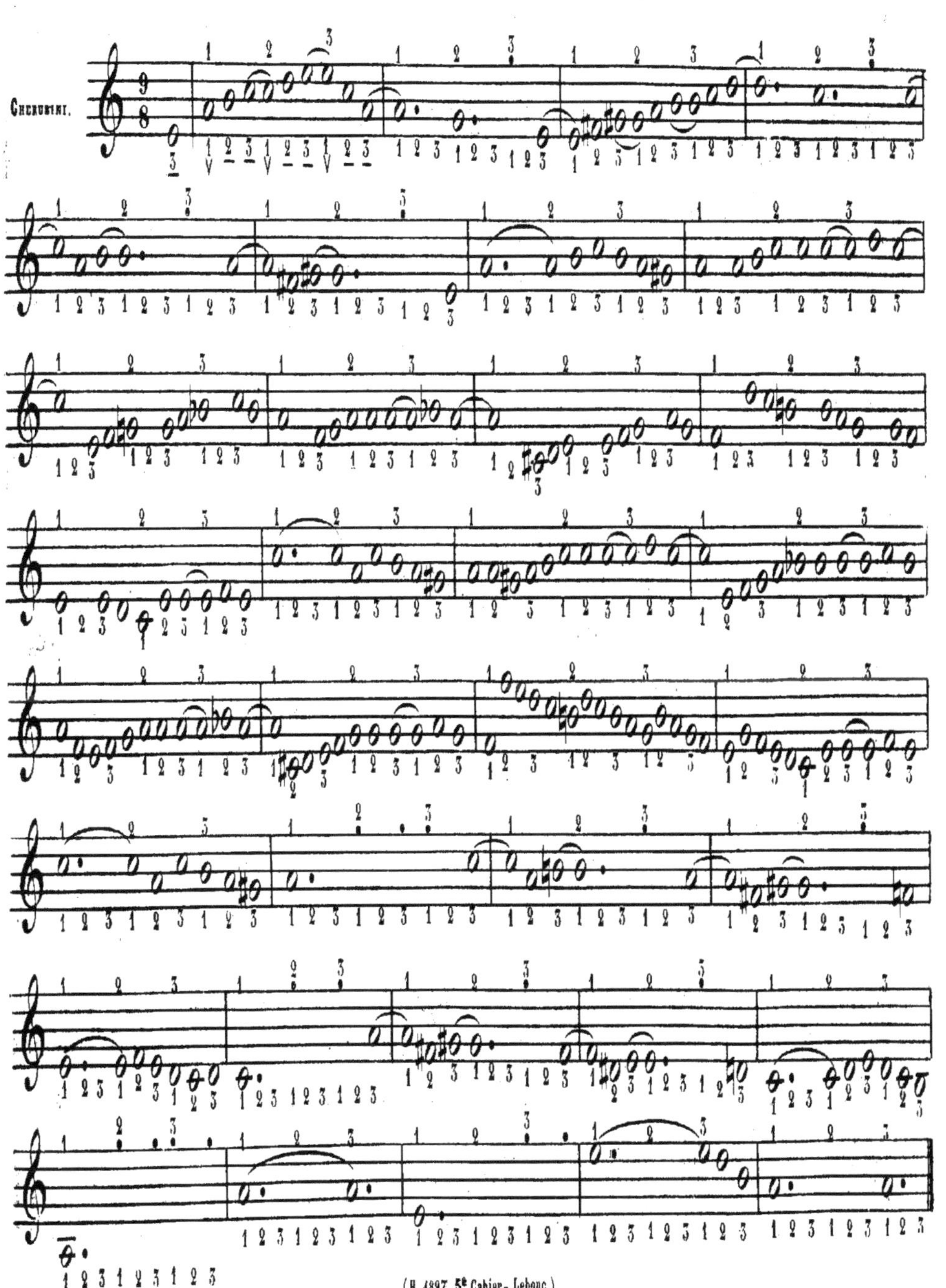

59me. TABLEAU.

Mettre les barres de mesure et les Nos des 4 temps et des 3 croches de chaque temps. Indiquer les temps forts, faibles et les syncopes du No 5.

En ajoutant un point à chacune des 4 noires de la mesure à 4 temps, on a 4 noires pointées ou 4 fois 3 croches, c'est-à-dire 12 croches qui forment la mesure à $\frac{12}{8}$ (12 huitièmes de ronde) Elle se bat à 4 temps avec 3 croches par temps.

Exemple de la mesure à $\frac{12}{8}$.

Mettre les valeurs et mettre des silences à la place des points qui sont au dessus de la portée.

(Solfège Batiste)

60me. TABLEAU.

Indiquer les temps forts et les temps faibles de ces exercices à compléter, mesure à douze-huit.

LEÇON VIII (Tableaux 25, 26, 27, 28)

Nous avons dit qu'il y a trois clés pour écrire la musique; celle qui est la plus usitée après la clé de *sol* est la clé de *fa*, sur la quatrième ligne, qui sert pour la main gauche du piano; on l'écrit comme au tableau 25, et on la place sur la quatrième ligne, c'est-à-dire que la quatrième ligne doit traverser la boucle et les deux points; toutes les notes écrites sur la quatrième ligne sont donc des *fa*, et l'on écrit la gamme comme au tableau 25, en plaçant graduellement les notes au-dessus et au-dessous du *fa* dans leur ordre naturel.

Nous allons étudier une mesure qui se bat aussi à deux temps, mais qui est formée de valeurs moitié plus petites que la mesure qu'on appelle *grande mesure* à deux temps, pour indiquer qu'elle est formée de valeurs plus longues que celle dont nous nous occupons aujourd'hui. Celle-ci n'a sur chaque temps qu'une noire ou deux croches, et la mesure entière ne renferme donc que deux noires ou une blanche. On indique cette mesure par le chiffre 2 posé au-dessus du chiffre 4, ce qui se lit *deux-quatre*, et veut dire deux quarts de ronde; en effet, chaque temps de cette mesure étant formé d'une noire qui est un quart de ronde, la mesure entière renferme bien deux noires ou deux quarts de ronde. (Calquer les tableaux 25, 26, 27, 28)

LEÇON IX (Tableaux 29, 30, 31, 32)

Le *dièse* est un signe qui hausse d'un demi-ton la note devant laquelle il est placé, et qui s'écrit ainsi : ♯

Nous avons déjà parlé de la mesure à quatre temps; nous allons étudier sa composition. Elle est représentée par une ronde et chacun des quatre temps vaut le quart de la ronde, c'est-à-dire une noire ou deux croches.

Elle se bat par quatre mouvements de la main : le premier en bas, le deuxième à gauche, le troisième à droite et le quatrième en haut. (Calquer les tableaux 29, 30, 31, 32.)

LEÇON X (Tableaux 33, 34, 35, 36)

Le *bémol* est un signe qui sert à baisser d'un demi-ton la note devant laquelle il est placé, et qui s'écrit ainsi : ♭

Le dièse placé devant une note produit son effet sur toutes les notes semblables placées dans la même mesure, sans qu'il soit nécessaire de l'écrire de nouveau; lorsqu'on veut détruire l'effet du dièse et replacer dans son intonation naturelle la note diésée, on emploie un signe qu'on appelle *bécarre* et qui se place devant la note qu'on veut remettre dans son intonation naturelle.

Ainsi que le dièse, le bémol produit son effet pendant toute la durée de la mesure dans laquelle il est placé; pour le détruire on emploie aussi le bécarre.

Calquer les tableaux 33, 34, 35, 36

LEÇON XI (Tableaux 37, 38, 39, 40)

On donne le nom de *gamme diatonique* à la gamme qui procède par tons et demi-tons, comme la gamme de *do*, et l'on appelle *gamme chromatique* celle qui ne procède que par demi-tons et qu'on forme en faisant entendre tous les demi-tons qui séparent les tons de la gamme diatonique. Ex :

Do, do ♯, ré, ré ♯, mi, fa, fa ♯, sol, sol ♯, la, la ♯, si, do, et en descendant : *do, si, si ♭ la, la ♭, sol, sol ♭, fa, mi, mi ♭, ré, ré ♭, do.*

On appelle également *demi-ton diatonique* celui dont les deux notes portent un nom différent et qui est celui qui se trouve dans la gamme diatonique; tandis que l'on appelle *demi-ton chromatique* celui dont les deux notes portent le même nom et qui ne se trouve que dans la *gamme chromatique*. (Calquer les tableaux 37, 38, 39, 40)

LEÇON XII (Tableaux 41 à 48)

La mesure qui se bat à trois temps, et dont chaque temps est représenté par une noire, se compose de trois noires et s'écrit par le chiffre 3 placé sur un 4, ce qui se lit *trois-quatre* et veut dire que cette mesure est composée de trois quarts de ronde; si l'on veut n'employer qu'une seule note pour représenter la mesure entière, on trouve que la blanche est trop petite, puisqu'elle ne vaut que deux noires, et que la ronde est trop grande puisqu'elle vaut quatre noires. On met alors un point après la blanche; ce point sert à augmenter de moitié la valeur de la note après laquelle il est placé; la blanche valant deux noires, le point l'augmente de la moitié, c'est-à-dire d'une noire, et une blanche pointée vaut ainsi trois noires.

Le point augmente de même de moitié toutes les valeurs et l'on trouve ainsi que la ronde pointée vaut trois blanches, la blanche pointée vaut trois noires, etc.

La mesure à trois temps se bat par trois mouvements de la main : le premier en bas, le deuxième à droite et le troisième en haut. (Calquer les tableaux 41 à 48.)

LEÇONS XIII et XIV (Tableaux 49 à 60)

Une autre mesure à trois temps, assez usitée, est celle dont chaque temps est représenté par une simple croche. On désigne cette mesure par les chiffres 3/8 parce qu'elle se compose de trois huitièmes de ronde. La mesure entière en est représentée par une noire pointée valant trois croches.

(Voir et calquer les tableaux 49 et 50.) On remarquera dans ces tableaux l'introduction du *triolet*, se composant de *trois notes pour deux*, soit 3 croches ou 3 doubles croches pour 2 croches ou doubles croches.

Les mesures à 2, 3 et 4 temps, précédemment étudiées, ont sur chaque temps une valeur simple: blanche, noire ou croche, se décomposant en 2 valeurs plus petites, c'est pourquoi on les appelle mesures *simples* ou à *temps binaires*; par opposition, on donne le nom de mesures *composées* ou à *temps ternaires*, à celles qui ont sur chaque temps une valeur pointée, se décomposant en 3 valeurs plus petites.

On forme les mesures composées d'après les mesures simples en ajoutant un point à la valeur qui représente chaque temps; ainsi, en ajoutant un point à chacune des noires de la mesure à 2/4, on a 2 noires pointées, ou 2 fois 3 croches, c'est-à-dire 6 croches qui forment la mesure à 6/8, ainsi nommée parce qu'elle renferme 6 huitièmes de ronde.

La mesure à 6/8 est donc une mesure composée à 2 temps, dérivant de la mesure à 2/4.

De la même manière se forment la mesure composée à 3 temps qu'on appelle 9/8 et la mesure composée à 4 temps, qu'on appelle 12/8.

On désigne les mesures composées, comme les mesures simples, par 2 chiffres superposés dont le supérieur indique le nombre de notes renfermées dans chaque mesure et l'inférieur la valeur de ces notes par rapport à la ronde.

Dans les mesures simples le chiffre supérieur est toujours 2, 3 ou 4, tandis que dans les mesures composées c'est un de ces 3 nombres multiplié par 3, c'est-à-dire 6, 9 ou 12.

Pour les autres mesures simples et composées, voir les solféges d'Edouard Batiste, du Conservatoire On y trouvera tous les renseignements nécessaires sur les *triolets* et *sextolets*, sur les *notes prolongées* et *syncopées*, enfin sur tous les exercices et principes de musique dont nous n'avons pu donner ici que l'abrégé le plus succinct.

J^{ue} NOURRIT-LEBOUC.

Paris. — Typographie Morris père et fils, rue Amelot, 64.

www.ingramcontent.com/pod-product-compliance
Ingram Content Group UK Ltd.
Pitfield, Milton Keynes, MK11 3LW, UK
UKHW022117260726
13993UKWH00003B/1075

9 782329 312217